JN417831

바로보인

전등록 傳燈錄

4

농선 대원 역저

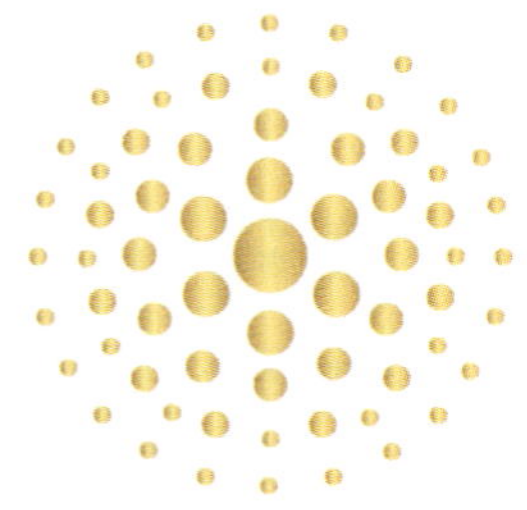

이 원상은 농선 대원 선사님께서 직접 그리신 것으로 모든 불성이 서로 상즉해 공존하는 원리를 담은 것이다.

선 심(禪心)

누리 삼킨 참나를
낙화(落花)로 자각(自覺)
떨어지는 물소리로 웃고 가는 길
돌에서 꽃에서도 님이 맞는다

정맥 선원의 문젠 마크는 농선 대원 선사님께서 마음을 상징하는 달(moon)과 그 마음을 깨달아 마음이 내가 된 삶인 선(zen)을 평화의 상징인 비둘기로 형상화하신 것이다.

교조 석가모니 부처님과
부처님으로부터 직계로 내려온
불조정맥 78대 조사들의
진영과 전법게

불조정맥

불조정맥이란 석가모니 부처님으로부터 현 78대 조사에 이르기까지 스승에게 깨달음의 인증인 인가를 받아 법을 전하라는 부촉을 받은 전법선사의 맥이다. 여기에 실린 불조진영과 전법게는 농선 대원 선사님께서 다년간 수집 정리하여 기도와 관조 끝에 완성하여 수립하신 것이다. 각 선사의 진영과 함께 실린 전법게는 스승으로부터 직접 전해 받은 게송이다. 단, 석가모니 부처님 진영에 실린 게송은 석가모니 부처님의 게송이다.

교조 석가모니 부처님

환화라고 하는 것 근본 없어 생긴 적도 없어서	幻化無因亦無生
모두가 스스로 이러-해서 본다 함도 이러-하네	皆則自然見如是
모든 법도 스스로 화한 남, 아닌 것이 없어서	諸法無非自化生
환화라 하지만 남이 없어 두려워할 것도 없네	幻化無生無所畏

제1조　마하가섭 존자

법이라는 본래 법엔 법이랄 것 없으나　　法本法無法
법이랄 것 없다는 법, 그 또한 법이라　　無法法亦法
이제 법이랄 것 없음을 전해줌에　　今付無法時
법이라는 법인들 그 어찌 법이랴　　法法何曾法

제2조　아난다 존자

법이란 법 본래의 법이라　　法法本來法
법도 없고 법 아님도 없으니　　無法無非法
어떻게 온통인 법 가운데　　何於一法中
법 있으며 법 아닌 것 있으랴　　有法有非法

제3조　상나화수 존자

본래의 법 전함이 있다 하나　　本來付有法
전한 말에 법이랄 것 없다 했네　　付了言無法
각자가 스스로 깨달으라　　各各須自悟
깨달으면 법 없음도 없다네　　悟了無無法

제4조　우바국다 존자

법 아니고 마음도 아니어서　　非法亦非心
맘이랄 것, 법이랄 것 없나니　　無心亦無法
마음이다, 법이다 설할 때는　　說是心法時
그 법은 마음법이 아니로다　　是法非心法

제5조　제다가 존자

마음이란 스스로인 본래의 마음이니　　心自本來心
본래의 마음에는 법 있는 것 아니로다　　本心非有法
본래의 마음 있고 법이란 것 있다 하면　　有法有本心
마음도 아니요 본래 법도 아니로다　　非心非本法

제6조　미차가 존자

본래의 마음법을 통달하면	通達本心法
법도 없고, 법 아님도 없도다	無法無非法
깨달으면 깨닫기 전과 같아	悟了同未悟
마음이니, 법이니 할 것 없네	無心亦無法

제7조　바수밀 존자

맘이랄 것 없으면 얻음도 없어서	無心無可得
설함에 법이라 이름할 것도 없네	說得不名法
만약에 맘이라 하면 마음 아님 깨달으면	若了心非心
비로소 마음인 마음법 안다 하리	始解心心法

제8조　불타난제 존자

가없는 마음으로	心同虛空界
가없는 법 보이니	示等虛空法
가없음을 증득하면	證得虛空時
옳고 그른 법이 없다	無是無非法

제9조　복타밀다 존자

허공이 안팎 없듯	虛空無內外
마음법도 그러하다	心法亦如此
허공이치 요달하면	若了虛空故
진여이치 통달하네	是達眞如理

제10조　파율습박(협) 존자

진리란 본래에 이름할 수 없으나	眞理本無名
이름에 의하여 진리를 나타내니	因名顯眞理
받아 얻은 진실한 법이라고 하는 것	受得眞實法
진실도 아니요, 거짓도 아니로세	非眞亦非僞

제11조　부나야사 존자

참된 몸 스스로 이러-히 참다우니	眞體自然眞
참됨을 설함으로 인해 진리란 것 있다 하나	因眞說有理
참답게 참된 법을 깨달아 얻으면	領得眞眞法
베풀 것도 없으며 그칠 것도 없다네	無行亦無止

제12조　아나보리(마명) 존자

미혹과 깨침이란 숨음과 드러남 같다 하나	迷悟如隱顯
밝음과 어둠이 서로가 여윌 수 없는 걸세	明暗不相離
이제 숨음이 드러난 법 부촉한다지만	今付隱顯法
하나도 아니요, 둘도 또한 아니로세	非一亦非二

제13조　가비마라 존자

숨었느니 드러났느니 하지만 본래의 법에는	隱顯卽本法
밝음과 어두움이 원래에 둘 아니라	明暗元不二
깨달아 마친 법을 전한다고 하지만	今付悟了法
취함도 아니요, 여윔도 아니로세	非取亦非離

제14조　나가르주나(용수) 존자

숨을 수도, 드러날 수도 없는 법이라 함	非隱非顯法
이것이 참다운 실제를 말함이니	說是眞實際
숨음이 드러난 법 깨달았다 하나	悟此隱顯法
어리석음도 아니요 지혜로움도 아니로다	非愚亦非智

제15조　가나제바 존자

숨었느니 드러났느니 하면 법에 밝다 하랴	爲明隱顯法
밝게 해탈의 이치를 설하려면	方說解脫理
저 법에 증득한 바도 없는 마음이어야 하니	於法心不證
성낼 것도 없으며 기쁠 것도 없다네	無嗔亦無喜

제16조　라후라타 존자

본래에 법을 전할 사람 대해　本對傳法人
해탈의 진리를 설하나　爲說解脫理
법엔 실로 증득한 바 없어서　於法實無證
마침도 비롯함도 없느니라　無終亦無始

제17조　승가난제 존자

법에는 진실로 증득한 바 없어서　於法實無證
취함도 없으며 여읨도 없느니라　不取亦不離
법에는 있다거나 없다는 상도 없거늘　法非有無相
안이니 밖이니 어떻게 일으키리　內外云何起

제18조　가야사다 존자

맘 바탕엔 본래에 남 없거늘　心地本無生
바탕의 인, 연을 좇아 일으키나　因地從緣起
연과 종자 서로가 방해 없어　緣種不相妨
꽃과 열매 그 또한 그러하네　華果亦復爾

제19조　구마라다 존자

마음의 바탕에 지닌 종자 있음에　有種有心地
인과 연이 능히 싹 나게 하지만　因緣能發萌
저 연에 서로가 걸림이 없어서　於緣不相礙
마땅히 난다 해도 남이 남 아니로세　當生生不生

제20조　사야다 존자

성품에는 본래에 남 없건만　性上本無生
구하는 사람 대해 설할 뿐　爲對求人說
법에는 얻은 바 없거늘　於法旣無得
어찌 깨닫고, 깨닫지 못함을 둘 것인가　何懷決不決

제21조 바수반두 존자

말 떨어지자마자 무생에 계합하면	言下合無生
저 법계와 성품이 함께 하리니	同於法界性
만일 능히 이와 같이 깨친다면	若能如是解
궁극의 이변 사변 통달하리	通達事理竟

제22조 마노라 존자

물거품과 환 같아 걸릴 것도 없거늘	泡幻同無礙
어찌하여 깨달아 마치지 못했다 하는가	如何不了悟
그 가운데 있는 법을 통달하면	達法在其中
지금도 아니요, 옛 또한 아니니라	非今亦非古

제23조 학륵나 존자

마음이 만 경계를 따라서 구르나	心隨萬境轉
구르는 곳마다 실로 능히 그윽함에	轉處實能幽
성품을 깨달아서 흐름을 따르면	隨流認得性
기쁠 것도 없으며 근심할 것도 없네	無喜亦無憂

제24조 사자보리 존자

마음의 성품을 깨달음에	認得心性時
사의할 수 없다고 말하나니	可說不思議
깨달아 마쳐서는 얻음 없어	了了無可得
깨달아선 깨달았다 할 것 없네	得時不說知

제25조 바사사다 존자

깨달음의 지혜를 바르게 설할 때에	正說知見時
깨달음의 지혜란 이 마음에 갖춘 바라	知見俱是心
지금의 마음이 곧 깨달음의 지혜요	當心卽知見
깨달음의 지혜가 곧 지금의 함일세	知見卽于今

제26조 불여밀다 존자

성인이 말하는 지견은	聖人說知見
경계를 맞아서 시비 없네	當境無是非
나 이제 참성품 깨달음에	我今悟眞性
도랄 것도, 이치랄 것도 없네	無道亦無理

제27조 반야다라 존자

맘 바탕에 참성품 갖췄으나	眞性心地藏
머리도, 꼬리도 없으니	無頭亦無尾
인연 응해 만물을 교화함을	應緣而化物
지혜라고 하는 것도 방편일세	方便呼爲智

제28조 보리달마 존자

마음에서 모든 종자 냄이여	心地生諸種
일(事)로 인해 다시 이치 나느니라	因事復生理
두렷이 보리과가 원만하니	果滿菩提圓
세계를 일으키는 꽃 피우리	華開世界起

제29조 신광 혜가 대사

내가 본래 이 땅에 온 것은	吾本來此土
법을 전해 중생을 구함일세	傳法救迷情
한 송이에 다섯 꽃잎 피리니	一花開五葉
열매 맺음 자연히 이뤄지리	結果自然成

제30조 감지 승찬 대사

본래의 바탕에 연 있으면	本來緣有地
바탕의 인에서 종자 나서 꽃핀다 하나	因地種華生
본래엔 종자가 있은 적도 없어서	本來無有種
꽃핀 적도 없으며 난 적도 없다네	華亦不曾生

제31조　대의 도신 대사

꽃과 종자 바탕으로 인하니　華種雖因地
바탕을 좇아서 종자와 꽃을 내나　從地種華生
만약에 사람이 종자 내림 없으면　若無人下種
남 없어 바탕에 꽃핀 적도 없다 하리　華地盡無生

제32조　대만 홍인 대사

꽃과 종자 성품에서 남이라　華種有生性
바탕으로 인해서 나고 꽃피우니　因地華生生
큰 연과 성품이 일치하면　大緣與性合
그 남은 나도 남 아니로세　當生生不生

제33조　대감 혜능 대사

정 있어 종자를 내림에　有情來下種
바탕 인해 결과 내어 영위하나　因地果還生
정이랄 것도 없고 종자랄 것도 없어서　無情旣無種
만물의 근원인 도의 성품엔 또한 남도 없네　無性亦無生

제34조　남악 회양 전법선사

마음의 바탕에 모든 종자 머금어져　心地含諸種
널리 비 내림에 모두 다 싹트도다　普雨悉皆生
단박에 깨달아 정을 다한 꽃피움에　頓悟華情已
보리의 과위가 스스로 이뤄졌네　菩提果自成

제35조　마조 도일 전법선사

마음의 바탕에 모든 종자 머금어져　心地含諸種
비와 이슬 만남에 모두 다 싹이 트나　遇澤悉皆萌
삼매의 꽃핌이라 형상이 없거늘　三昧華無相
무엇이 무너지고 무엇이 이뤄지랴　何壞復何成

제36조 백장 회해 전법선사

마음 외에 본래에 다른 법이 없거늘 心外本無法
부촉함이 있다 하면 마음법이 아닐세 有付非心法
원래에 마음법 없음을 깨달은 旣知非法心
이러-한 마음법을 그대에게 부촉하네 如是付心法

제37조 황벽 희운 전법선사

본래에 말로는 부촉할 수 없는 것을 本無言語囑
억지로 마음의 법이라 전함이니 强以心法傳
그대가 원래에 받아 지닌 그 법을 汝旣受持法
마음의 법이라고 다시 어찌 말하랴 心法更何言

제38조 임제 의현 전법선사

마음의 법 있으면 병이 있고 病時心法在
마음의 법 없으면 병도 없네 不病心法無
내 부촉한 마음의 법에는 吾所付心法
마음의 법 있는 것 아니로세 不在心法途

제39조 흥화 존장 전법선사

지극한 도는 간택함이 없으니 至道無揀擇
본래의 마음이라 향하고 등짐이 없느니라 本心無向背
이 같음을 감당해 이으려는가? 便如此承當
봄바람에 곤한 잠을 더하누나 春風增瞌睡

제40조 남원 혜옹 전법선사

대도는 온통 맘에 있다지만 大道全在心
맘에 구함 있으면 그르치네 亦非在心求
그대에게 부촉한 자심의 도에는 付汝自心道
기쁨도 근심도 없느니라 無喜亦無憂

제41조　풍혈 연소 전법선사

나 이제 법 없음을 말하노니	我今無法說
말한 바가 모두 다 법 아니라	所說皆非法
법 없는 법 지금에 부촉하니	今付無法法
이 법에도 머무르지 말아라	不可住于法

제42조　수산 성념 전법선사

말한 적도 없어야 참법이니	無說是眞法
이 말함은 원래에 말함 없네	其說元無說
나 이제 말한 적도 없을 때	我今無說時
말함이라 말한들 말함이랴	說說何曾說

제43조　분양 선소 전법선사

예로부터 말함 없음 부촉했고	自古付無說
지금의 나 또한 말함 없네	我今亦無說
다만 이 말함 없는 마음을	只此無說心
모든 부처 다 같이 말한 바네	諸佛所共說

제44조　자명 초원 전법선사

허공이 형상이 없다 하나	虛空無形像
형상도, 허공도 아닐세	形像非虛空
내 부촉한 마음의 법이란	我所付心法
공도 공한 공이어서 공 아닐세	空空空不空

제45조　양기 방회 전법선사

허공이 면목이 없듯이	虛空無面目
마음의 상 또한 이와 같네	心相亦如然
곧 이렇게 비고 빈 마음을	卽此虛空心
높은 중에 높다고 하는 걸세	可稱天中天

제46조　백운 수단 전법선사

마음의 본체가 허공같아　　心體如虛空
법 또한 허공처럼 두루하네　　法亦遍虛空
허공 같은 이치를 증득하면　　證得虛空理
법도 아니요, 공한 맘도 아니로세　　非法非心空

제47조　오조 법연 전법선사

도에는 나라는 나 원래 없고　　道我元無我
도에는 맘이란 맘 원래 없네　　道心元無心
오직 이 나라 함도 없는 법으로　　唯此無我法
나라 함 없는 맘에 일체하네　　相契無我心

제48조　원오 극근 전법선사

참나에는 본래에 맘이랄 것 없으며　　眞我本無心
참마음엔 역시나 나랄 것 없으나　　眞心亦無我
이러-히 참답게 참마음에 일체되면　　契此眞眞心
나를 나라 한들 어찌 거듭된 나겠는가　　我我何曾我

제49조　호구 소륭 전법선사

도 얻으면 자재한 마음이고　　得道心自在
도 얻지 못하면 근심이라 하나　　不得道憂惱
본래의 마음의 도 부촉함에　　付汝自心道
기쁨도, 근심도 없느니라　　無喜亦無惱

제50조　응암 담화 전법선사

맑던 하늘 구름 덮인 하늘 되고　　天晴雲在天
비 오더니 젖어있는 땅일세　　雨落濕在地
비밀히 마음을 부촉함이여　　秘密付與心
마음법이란 다만 이것일세　　心法只這是

제51조 밀암 함걸 전법선사

부처님은 눈으로써 별을 보고	佛用眼觀星
난 귀로써 소리를 들었도다	我用耳聽聲
나의 함이 부처님의 함과 같아	我用與佛用
내 밝음이 그대의 밝음일세	我明汝亦明

제52조 파암 조선 전법선사

부처와 더불어 중생의 보는 것이	佛與衆生見
원래 근본 부처인데 금 그은들 바뀌랴	元本佛隔線
그대에게 부촉한 본연의 마음법에는	付汝自心法
깨닫고 깨닫지 못함도 없느니라	非見非不見

제53조 무준 사범 전법선사

내가 만약 봄이 없다 할 때에	我若不見時
그대 응당 봄이 없이 보아라	汝應不見見
봄에 봄 없어야 본연의 봄이니	見見非自見
본연의 마음이 언제나 드러났네	自心常顯現

제54조 설암 혜랑 전법선사

진리는 곧기가 거문고줄 같다는데	眞理直如絃
어떻게 침묵이나 말로 다시 할 것인가	何默更何言
나 이제 그대에게 공교롭게 부촉하니	我今善付囑
밝힌 마음 본래에 얻음이 없는 걸세	表心本無得

제55조 급암 종신 전법선사

사람에겐 미혹하고 깨달음이 본래 없는데	本無迷悟人
미했느니 깨쳤느니 제 스스로 분별하네	迷悟自家計
젊어서 깨달았다 말이나 한다면	記得少壯時
늙어서까지라도 깨닫지 못할 걸세	而今不覺老

제56조　석옥 청공 전법선사

이 마음이 지극히 광대하여	此心極廣大
허공에 비할 수도 없다네	虛空比不得
이 도는 다만 오직 이러-하니	此道只如是
밖으로 찾음 쉬어 받아 지녔네	受持休外覓

제57조　태고 보우 전법선사

지극히 큰 이것인 이 마음과	至大是此心
지극히 성스러운 이것인 이 법이라	至聖是此法
등불과 등불의 광명처럼 나뉨 없음	燈燈光不差
이 마음 스스로가 통달해 마침일세	了此心自達

제58조　환암 혼수 전법선사

마음 중의 본연의 마음과	心中有自心
법 중의 지극한 법을	法中有至法
내가 지금 부촉한다 하나	我今可付囑
마음법엔 마음법이라 함도 없네	心法無心法

제59조　구곡 각운 전법선사

온통인 도, 마음의 광명이라 할 것도 없으나	一道不心光
과거, 현재, 미래와 시방을 밝힘일세	三際十方明
어떻게 지극히 분명한 이 가운데	何於明白中
밝음과 밝지 않음 있다고 하리오	有明有不明

제60조　벽계 정심 전법선사

나 지금 법 없음을 부촉하고	我無法可付
그대는 무심으로 받는다 하나	汝無心可受
전함 없고 받음 없는 맘이라면	無付無受心
누구라도 성취하지 못했다 하랴	何人不成就

제61조 벽송 지엄 전법선사

마음이 곧 깨달음의 마음이요	心卽能知心
법이 곧 깨달음의 법이라	法卽可知法
마음법을 마음법이라 전한다면	法心付法心
마음도, 법도 아닐세	非心亦非法

제62조 부용 영관 전법선사

조사와 조사가 법 없음을 부촉한다 하나	祖祖無法付
사람과 사람마다 본래 스스로 지님일세	人人本自有
그대는 부촉함도 없는 법을 받아서	汝受無付法
긴요히 뒷날에 전하도록 하여라	急着傳於後

제63조 청허 휴정 전법선사

참성품은 본래에 성품이라 할 것 없고	眞性本無性
참법은 본래에 법이라 할 것 없네	眞法本無法
법이니 성품이니 할 것 없음 깨달으면	了知無法性
어떠한 곳엔들 통달하지 못하랴	何處不通達

제64조 편양 언기 전법선사

법도 아니고 법 아님도 아니고	非法非非法
성품도 아니고 성품 아님도 아니며	非性非非性
마음도 아니고 마음 아님도 아님이	非心非非心
그대에게 부촉하는 궁극의 마음법일세	付汝心法竟

제65조 풍담 의심 전법선사

부처님이 전하신 꽃 드신 종지와	師傳拈花宗
내가 미소지어 보인 도리를	示我微笑法
친히 손수 그대에게 분부하니	親手分付汝
받들어 지녀 누리에 두루하게 하라	持奉遍塵刹

제66조　월담 설제 전법선사

깨달아선 깨달은 바 없으며	得本無所得
전해서는 전함 또한 없느니라	傳亦無可傳
전함도 없는 법을 부촉함이여	今付無傳法
동서가 온통한 하늘일세	東西共一天

제67조　환성 지안 전법선사

전하거나 받을 법이 없어서	無傳無受法
전하거나 받는다는 맘도 없네	無傳無受心
부촉하나 받은 바 없는 이여	付與無受者
허공의 힘줄마저 뽑아서 끊었도다	掣斷虛空筋

제68조　호암 체정 전법선사

연류에 따른 일단사여	沿流一段事
머리도 꼬리도 필경 없네	竟無頭與尾
사자새끼인 그대에게 부촉하니	付與獅子兒
사자후 천지에 가득케 하라	哨吼滿天地

제69조　청봉 거안 전법선사

서 가리켜 동에 그림이여	指西喚作東
풍악산의 뭇 봉우리로다	楓嶽山衆峰
불조의 이러한 법을	佛祖之此法
너에게 분부하노라	分付今日汝

제70조　율봉 청고 전법선사

머리도 꼬리도 없는 도리	無頭尾道理
오늘 그대에게 전해주니	今日傳授汝
이후로 보림을 잘 하여서	此後善保任
영원히 끊어짐이 없게 하라	永遠無斷絶

제71조　금허 법첨 전법선사

그믐날 근원에 돌아간다 말했으나	晦日豫言爲還元
법신에 그 어찌 가고 옴이 있으랴	法身何有去與來
푸른 하늘 해 있고, 못 가운데 연꽃일세	日在靑天池中蓮
이 법을 분부하니 끊어짐이 없게 하라	此法分付無斷絶

제72조　용암 혜언 전법선사

'연꽃이 나왔다' 하여 보인 큰 도리를	示出蓮之大道理
다시 또 뜰 밑 나무 가리켜 보여서	復亦指示庭下樹
후일의 크고 큰일 그대에게 부촉하니	後日大事與咐囑
잘 지녀 보림하여 끊어짐 없게 하라	保任善持無斷絶

제73조　영월 봉율 전법선사

사느니 죽느니 이 무슨 말들인고	生也死也是何言
물밭엔 연꽃이고 하늘엔 해일세	水田蓮花在天日
가없이 이러-해서 감출 수 없이 드러남	無邊無藏露如是
오늘 네게 분부하니 끊어짐 없게 하라	今日分付無斷絶

제74조　만화 보선 전법선사

봄산과 뜬구름을 동시에 보아라	春山浮雲觀同時
중생들의 이익될 바 그 가운데 있느니라	普益衆生在其中
이 가운데 도리를 이제 네게 부촉하니	此中道理今付汝
계승해 끊임없이 번성케 할지어다	繼承無斷爲繁盛

제75조　경허 성우 전법선사

하늘의 뜬구름이 누설한 그 도리를	浮雲漏泄其道理
오늘날 선자에게 부촉하여 주노니	今日咐囑與禪子
철저하게 보림하여 모범을 보임으로	保任徹底示模範
후세에 끊어짐이 없게 할 맘, 지니게나	後世無斷爲持心

제76조　만공 월면 전법선사

구름과 달, 산과 계곡이라, 곳곳에서 같음이여　雲月溪山處處同
선가의 나의 제자 수산의 큰 가풍일세　叟山禪子大家風
은근히 무문인을 그대에게 분부하니　慇懃分付無文印
이 기틀의 방편이 활안 중에 있노라　一段機權活眼中

제77조　전강 영신 전법선사

불조도 전한 바 없어서　佛祖未曾傳
나 또한 얻은 바 없음을…　我亦無所得
가을빛 저물어 가는 날에　此日秋色暮
뒷산의 원숭이가 울고 있네　猿嘯在後峰

제78대　농선 대원 전법선사

부처와 조사도 일찍이 전한 것이 아니거늘　佛祖未曾傳
나 또한 어찌 받았다 하며 준다 할 것인가　我亦何受授
이 법이 2천년대에 이르러서　此法二千年
널리 천하 사람을 제도하리라　廣度天下人

부처님으로부터 직계로 내려온 불조정맥 제78대 농선 대원 선사님

농선 대원 전법선사의 3대 서원

오로지 정법만을 깨닫기 서원합니다.

입을 열면 정법만을 설하기 서원합니다.

중생이 다하는 그날까지 교화하기 서원합니다.

성불사 국제정맥선원 대웅전

성불사 국제정맥선원은

농선 대원 선사님께서 주석하시는 곳으로

대원 선사님의 지도하에 비구스님들이

직접 지은 도량이다.

불교 8대 선언문

불교는 자신에게서 영생을 발견하게 한 유일한 종교이다.

불교는 자신에게서 모든 지혜를 발견하게 한 유일한 종교이다.

불교는 자신에게서 모든 능력을 발견하게 한 유일한 종교이다.

불교는 자신에게서 모든 것을 이루게 한 유일한 종교이다.

불교는 자신에게서 극락을 발견하게 한 유일한 종교이다.

불교는 깨달으면 차별 없어 평등하다는 유일한 종교이다.

불교는 모든 억압 없이 자신감을 갖게 한 유일한 종교이다.

불교는 그러므로 온 누리에 영원할 만인의 종교이다.

농선 대원 전법선사 주창

전세계의 불교계에서 통일시켜야 할 일

경전의 말씀대로 32상과 80종호를 갖춘 불상으로 통일해야 한다.

예불 드리는 법을 통일해야 한다.

불공의식을 통일해야 한다.

농선 대원 전법선사 주창

농선 대원 선사의 전등록 발간의 의의

선문(禪文)이란 말 밖의 말로 마음을 바로 가리켜 깨닫게 하여 그 깨달은 마음 바탕에서 닦아 불지(佛地)에 이르게 하는 문(門)이다. 그러기에 지식이나 알음알이로는 헤아려 알 수 없는 것이어서 깨달아 증득하여 일체종지(一切種智)를 이룬 이가 아니고는 그 요지를 바로 보아 이끌어 줄 수 없다.

지금 불교의 현실이 대본산 강원조차 이런 안목으로 이끌어 주는 선지식이 없어서 선종(禪宗) 최고의 공안집인 '전등록', '선문염송' 강의가 모두 폐강된 상황이다.

이에 대원 선사님께서는 불조(佛祖)의 요지가 말이나 글에 떨어져 생사해탈의 길이 단절되는 것을 염려하여 깨달음의 법을 선리(禪理)에 맞게 바로 잡는 역경 작업에 혼신을 다하고 계신다.

대원 선사님께서는 19세에 선운사 도솔암에서 활연대오한 후, 대선지식과의 법거량에서 한 치의 주저함도 없이 명쾌하게 응대하시니 당시 12대 선지식들께서 탄복해 마지않으셨다. 경봉 선사님과 조계종 지혜제일 전강 선사님과의 문답만을 보더라도 취모검과 같은 대원 선사님의 선지를 엿볼 수 있다.

맨 처음 통도사 경봉 선사님을 찾아뵈었을 때, 마침 늦가을 감나무에서 감을 따고 계신 경봉 선사님을 보자 감나무 주위를 한 번 돌고서 있으니, 경봉 선사님께서 물으셨다.

"어디서 왔는가?"

"호남에서 왔습니다."

"무엇을 공부했는가?"

"선을 공부했습니다."

"무엇이 선이냐?"

"감이 붉습니다."

"네가 불법을 아는가?"

"알면 불법이 아닙니다."

위의 문답이 있은 후 경봉 선사님께서는 해제 법문을 대원 선사님께 맡기셨으나 대원 선사님께서는 아직 그럴 때가 아니라 여겨져 그 이튿날인 해제일 새벽 직전에 통도사를 떠나와 버리셨다.

또 광주 동광사에서 처음 전강 선사님을 뵈었을 때, 20대 초면의 젊은 승려인 대원 선사님께 전강 선사님께서 대뜸 '달마불식 도리'를 일러보라 하셨다. 대원 선사님께서 아무 말없이 다가가 전강 선사님의 목에 있는 점 위의 털을 뽑아 버리고 종무소로 가니, 전강 선사님께서 "여기 사람 죽이는 놈이 있다."하며 종무소까지 따라오다 방장실로 돌아가셨다.

그 이후 대원 선사님께서 군산 은적사에서 전강 선사님을 시봉하며 모시고 계실 때, 전강 선사님께서 또 물으셨다.

"공적의 영지를 일러라."

"이러-히 스님과 대담합니다."

"영지의 공적을 일러라."

"스님과 대담에 이러-합니다."

"이러-한 경지를 일러라."

"명왕은 어상을 내리지 않고 천하일에 밝습니다."

대원 선사님의 답에 전강 선사님께서는 희색이 만면해서 고개를 끄덕이며 당신 처소로 돌아가셨다.

이에 그치지 않고 전강 선사님께서 대구 동화사 조실로 계실 때, 대원 선사님께 말씀하셨다.

"대중들이 자네를 산으로 불러내어 그 중에 법성(조계종 종정 진제 스님)이 달마불식 도리를 일러보라 했을 때 '드러났다'라고 답했다는데, 만약에 자네가 양무제였다면 '모르오'라고 이르고 있는 달마 대사에게 어떻게 했겠는가?"

"제가 양무제였다면 '성인이라 함도 설 수 없으나 이러-히 짐의 덕화와 함께 어우러짐이 더욱 좋지 않겠습니까?'하며 달마 대사의 손을 잡아 일으켰을 것입니다."

그러자 전강 선사님께서 탄복하며 말씀하셨다.

"어느새 그 경지에 이르렀는가?"

"이르렀다곤들 어찌하며 갖추었다곤들 어찌하며 본래라곤들 어찌하리까? 오직 이러-할 뿐인데 말입니다."

대원 선사님의 대답에 전강 선사님께서 크게 기뻐하셨다.

이와 같이 대원 선사님께서는 20대 초반에 이미 어떤 선지식의 물음에도 전광석화와 같이 답하셨으며 그 법을 씀이 새의 길처럼 흔적없는 가운데 자유자재하셨다.

깨달음의 방편에 있어서는 육조 대사께서 마주 앉은 자리에서 사람들을 깨닫게 하셨듯이, 제자들을 제접해 직지인심(直指人心)으로 스스로의 마음에 사무쳐 들게 하여 근기에 따라 보림해 갈 수 있도록 이끌어주시니, 꺼져가는 정법의 기치를 바로 일으켜 세움이라 하겠다.

또한 선지식이라면 이변(理邊)에서 뿐만이 아니라 사변(事邊)에서도 먼 안목으로 인류가 무엇을 어떻게 대비하며 살아가야 할지를 예언하고 이끌어 주어야 한다고 하셨다.

그래서 1962년부터 주창하시기를, 전 세계가 21세기를 '사막 경영의 시대'로 삼아 사막화된 지역에 '사막 해수로 사업'을 하여 원하는 지역의 기후를 조절해야 하고, 자원을 소모하는 발전소 대신 파도, 태양열, 풍력 등의 대체 에너지와 무한 원동기를 개발해야 한다고 하셨다. 또, 도로를 발전소화하여 전기를 생산하는 방법 등을 구체적으로 제안하시고, 천재지변을 대비하여 각자의 집에서 농사를 짓는 '울안의 농법'을 연구하시는 등 만인이 더 나은 삶을 살 수 있는 길을 끊임없이 일러 주고 계신다.

이와 같이 대원 선사님께서는 일체종지를 이룬 지혜로, '참나를 깨달아 마음이 내가 된 삶'을 위한 깨달음의 법으로부터 닥쳐오는 재난을 막고 지구를 가장 살기 좋은 세상으로 만드는 방편까지 늘 그 방향을 제시하고 계신다.

한편, 불교의 최고 경전인 '화엄경 81권'을 완간하여 불보살님의 불가사의한 화엄세계를 열어 보이셨으며, 선문 최대의 공안집인 '선문염송 30권' 1,463칙에 대하여 석가모니 부처님 이래 최초로 전 공안을 맑은 물 밑바닥 보듯이 회통쳐 출간하셨다.

이제 대원 선사님께서는 7불과 역대 조사들의 깨달음의 진수가 담긴 '전등록 30권'을 그런 혜안(慧眼)으로 조사마다 선리의 토끼뿔을 더해 닦아 증득할 수 있도록 밝혀 보이셨다. 그리하여 생사윤회길을 헤매는 중생들에게 해탈의 등불이 되고자 하셨으며, 불조(佛祖)의 정법이 후세에까지 끊어지지 않게 하여 부처님 은혜에 보답하고자 하셨다.

부처님 가신 지 오래 되어 정법은 약하고 삿된 법이 만연한 지금, 중생이 다하는 날까지 중생을 구제하기 서원하는 대원 선사님과 같은 명안종사(明眼宗師)가 계심은 불보살님의 자비광명이 이 땅에 두루한 은덕이라 하겠다.

바로보인 불법 ㊸

전傳 등燈 록錄

4

도서출판 문젠(구, 바로보인)은 정맥선원에서 운영하고 있습니다.

* 인제산(人濟山) 성불사(成佛寺) 국제정맥선원
  경기도 포천시 내촌면 소리개길 86-178 ☎ 031-531-8805
* 인제산(人濟山) 이룬절 포천정맥선원
  경기도 포천시 내촌면 소리개길 86-123 ☎ 031-531-2433
* 백양산(白楊山) 자모사(慈母寺) 부산정맥선원
  부산시 동래구 아시아드대로 114번길 10 대륙코리아나 2층 212호 ☎ 051-503-6460
* 자모산(慈母山) 육조사(六祖寺) 청도정맥선원
  경북 청도군 매전면 동산리 산 50 ☎ 010-4543-2460
* 광암산(光巖山) 성도사(成道寺) 광주정맥선원
  광주광역시 광산구 삼도광암길 34 ☎ 062-944-4088
* 대통산(大通山) 대통사(大通寺) 해남정맥선원
  전남 해남군 화산면 송계길 132-98 중정마을 ☎ 061-536-6366

바로보인 불법 ㊸

전 등 록 4

초판 1쇄 펴낸날 단기 4354년, 불기 3048년, 서기 2021년 8월 30일

역　　저 농선 대원 선사
펴 낸 곳 도서출판 문젠(Moonzen Press)
　　　　11192, 경기도 포천시 내촌면 소리개길 86-178
　　　　전화 031-534-3373 팩스 031-533-3387
신고번호 2010.11.24. 제2010-000004호

편집윤문출판 법심 최주희, 법운 정숙경
인디자인 전자출판 지일 박한재
표 지 글 씨 춘성 박선옥
인　　　쇄 북크림

도서출판문젠 www.moonzenpress.com
정 맥 선 원 www.zenparadise.com
사막화방지국제연대(IUPD) www.iupd.org

ⓒ 문재현, 2021. Printed in Seoul, Republic of Korea

값 15,000원
ISBN 978-89-6870-604-2
ISBN 978-89-6870-600-4 04220(전30권)

서 문

전등록은 말 없는 말이며 말 밖의 말이라서 학식이나 재치만으로는 번역이 실로 불가능한 일이다. 그러기에 육조단경(六祖壇經)을 보면 법화경을 삼천 번이나 독송한 법달(法達)은 글 한 자 모르시는 육조(六祖)께 경의 뜻을 물었고, 글을 모르시는 육조께서는 법화경의 바른 뜻을 설파하셔서 법달을 깨닫게 하신 것이다.

그런데 하루는 본인에게 법을 물으러 다니시던 부산의 목원 하상욱 본연님이 오셔서 시중에 나온 전등록 번역본 두세 가지를 보이시며 범인인 당신에게도 부처님과 조사님들의 본래 뜻에 맞지 않는 대문이 군데군데 눈에 뜨인다며 바른 의역의 필요성을 절감한다고 하셨다. 그 후로 전등록 번역을 바로 해주십사 하는 간청이 지극하여 비록 단문하나 이 일을 시작하게 되었다.

부처님과 조사님들의 근본 뜻에 어긋남이 없게 하기 위해 노력하였으나 약속한 기간 내에 해내기란 실로 벅찬 일이어서 혹시 미비한 점이 없지 않으리니 강호 제현의 좋은 지적이 있기를 바란다.

불법(佛法)이란 본자연(本自然)이라 누가 설(說)하고 누가 듣고 배울 자리요만 그렇지 못한 이가 또한 있어서 부처님과 조사님들의 허물이 생기는 것이다.

어떤 것이 부처인고?
화분의 빨간 장미니라.

이 가운데 남전(南泉) 뜰꽃 도리(道理)며 한산(寒山) 습득(拾得)의 웃음을 누릴진저.

단기(檀紀) 4354년
불기(佛紀) 3048년
서기(西紀) 2021년

무등산인 농선 대원 분향근서
(無等山人 弄禪 大圓 焚香謹書)

양억(楊億)의 경덕전등록 서문

석가모니께서 일찍이 연등 부처님의 수기를 받아, 현겁(賢劫)의 보처(補處)가 되어 이 땅에 탄강하시고 법을 펴서 교화하시기가 49년이었으니 방편과 진리, 돈오(頓悟)와 점수(漸修)의 문호를 여시고, 헤아릴 수 없이 많은 다양한 교법을 내려 주셨다.

근기(根機)에 따라 진리를 깨닫게 하신 데서 삼승(三乘)의 차별이 생겼으니, 사물에 접하는 대로 중생을 이롭게 하여 한량없는 중생을 제도하셨다. 그 자비는 넓고 컸으며 그 법식(法式)은 두루 갖추어져 있었다.

쌍림(雙林)에서 열반에 드실 때 가섭(迦葉)에게만 유촉하신 것이 차츰차츰 전하여 달마에 이르러서 비로소 문자를 세우지 않고 마음의 근원을 곧바로 보이게 되었으니, 차례를 밟지 않고 당장에 부처의 경지에 오르게 되어 다섯 잎[1]이 비로소 무성하고 천 개의 등불[2]이 더욱 찬란하여서, 보배 있는 곳에 이른 이는 더욱 많고, 법의 바퀴를 굴린 이도 하나가 아니었다.

부처님께서 부촉하신 종지와 정법안장(正法眼藏)이 유통되는 도리는 교리 밖에서 따로 행해지는 불가사의(不可思議)한 것이다.

태조(太祖)께서 거룩하신 무력으로 전란을 진압하신 뒤에 사찰을 숭상하여 제도의 문을 활짝 여셨고, 태종(太宗)께서 밝으신 변재로 비밀한 법을 찬술하시어 참된 이치를 높이셨으며, 황상(皇上)[3]께서 높으신 학덕으로 조사의 뜻을 이어 거룩한 가르침에 머릿말을 쓰셔 종풍(宗風)을 잇게 하시니, 구름 같은 문장이 진리의 하늘에 빛나고, 부처의 황금같은 설법

---

1) 다섯 잎 : 중국 선종의 2조 혜가로부터 6조 혜능에 이르는 다섯 조사를 말한다.

2) 천 개의 등불 : 중국에 선법(禪法)이 전해진 이후 등장한 수많은 견성도인들을 말한다.

3) 황상(皇上) : 송의 진종(眞宗)을 말한다.

이 깨달음의 동산에 펼쳐졌다.

대장경의 말씀에 비밀히 계합하고, 인도로부터의 법맥이 번창하니, 뭇 선행을 늘리는 이가 더욱 많아졌고, 요의(了義)[4]를 전하는 사람들이 간간이 나타나서 원돈(圓頓)의 교화가 이 지역에 퍼졌다.

이에 동오(東吳)의 승려인 도원(道原)이 선열(禪悅)의 경지에 마음을 모으고, 불법의 진리를 샅샅이 찾으며, 여러 세대의 조사 법맥을 찾고, 제방의 어록(語錄)을 모아 그 근원과 법맥에 차례를 달고, 말씀들을 차례차례 엮되, 과거 7불로부터 대법안(大法眼)의 문도에 이르기까지 무릇 52세대, 1,701인을 수록하여 30권으로 만들어 경덕전등록이라 하여 대궐로 가지고 와서 유포해 주기를 청하였다.

황상께서는 불법을 밖으로부터 보호하고자 하시고, 승려들의 부지런함을 가상히 여겨 마음가짐을 신중히 하고 생각을 원대히 하여 좌사간(左司諫) 지제고(知制誥) 양억(楊億)과 병부원외랑(兵部員外郞) 지제고(知制誥) 이유(李維)와 태상승(太常丞) 왕서(王曙) 등을 불러 교정케 하시니, 신(臣) 등은 우매하여 삼학(三學)[5]의 근본 뜻을 모르고 5성(五性)[6]의 방편에 어두우며, 훌륭한 번역 솜씨도 없고, 비야리 성에서 보인 유마 거사의 묵연(默然) 도리[7]에도 둔하건만 공손히 지엄하신 하명(下命)을 받들어 감히 끝내 사양하지 못하였다.

그 저술된 내용을 두루 살펴보면 대체로 진공(眞空)[8]으로써 근본을 삼고 있고, 옛 성인께서 도에 들던 인연을 서술할 때나 옛 사람이 진리를 깨달은 이야기를 표현할 때엔 근기와 인연의 계합함이 마치 활쏘기와 칼쓰

---

4) 요의(了義) : 일을 다 마친 도리, 깨달아서 깨달음마저 두지 않는 경지를 말한다.
5) 삼학(三學) : 계(戒), 정(定), 혜(慧).
6) 5성(五性) : 법상종의 용어. 일체중생의 근기를 다섯 성품으로 나누어서 성불할 근기와 성불하지 못할 근기로 나누었다.
7) 유마 거사의 묵연 도리 : 유마 거사가 비야리성에서 그를 문병하러 온 문수보살과 법담을 할 때 잠자코 말이 없음으로 불이(不二)의 도리를 드러내 보인 일을 말한다.
8) 진공(眞空) : 색(色)이니 공(空)이니를 초월해서 누리는 경지.

기가 알맞는 것 같아 지혜가 갖추어진 데서 광명을 내어, 채찍 그림자만 보고도 달리는 말과 같은 상근기자(上根機者)들에게 널리 도움이 되고 있다.

후학(後學)들을 인도함에는 현묘한 진리를 드날리고 있고, 다른 이야기를 가져올 때에는 출처를 밝히고 있으며, 다듬어지지 않은 부분도 많으나 훌륭한 부분도 찾아볼 수 있었다. 모든 대사들이 대중에게 도리를 보일 때에 한결같은 소리로 펼쳐 보이고 있으니 영특한 이가 귀를 기울여 듣는다면 무수한 성인들이 증명한다 할 것이다. 개괄해서 들추어도 그것이 바탕이어서 한군데만 취해도 그대로가 옳다.

만일 별달리 더 붓을 댄다면 그 돌아갈 뜻을 잃을 것이다. 중국과 인도에서의 말이 이미 다르지 않은데 자칫하면 구슬에다 무늬를 새기려다 보배에 흠집을 낼 우려가 있기에, 이런 종류는 모두 그대로 두었다. 더욱이 일은 실제로 행한 것만을 취해 기록하여 틀림없이 잘 서술했으나 말이란 오래도록 남아 전해지는 까닭에 전혀 문장을 다듬지 않을 수는 없었다.

어떤 사연을 기록할 때엔 그 자취를 자세히 하였고 말이 복잡해지거나 이야기가 저속한 것이 있으면 모두 삭제하되 문맥이 통하게 하였다.

유교(儒教)의 대신이나 거사(居士)의 문답에 이르러 벼슬자리와 성씨가 드러난 이는 연대와 역사에 비추어 잘못을 밝히고, 사적(史籍)에 따라 틀린 점을 바로잡아 믿을 만한 전기가 되게 하였다.

만일 바늘을 던져 맞추듯 한 치의 어긋남 없이 도리를 밝히는 일이 아니거나, 번갯불이 치듯 빠른 기틀을 내보이는 일이 아니거나, 묘하게 밝은 참 마음을 보이는 일이 아니거나, 고(苦)와 공(空)의 깊은 이치를 조사(祖師)의 뜻 그대로 기술(記述)하는 일이 아니라면, 어떻게 등불을 전한다는 전등(傳燈)이라는 비유에 계합(契合)하는 그 극진한 공덕을 베풀 수 있었겠는가?

만일 감응(感應)한 징조만을 서술하거나 참문하고 행각한 자취만을 기록한다 할 것 같으면 이는 이미 승사(僧史)에 밝혀져 있는 것이니, 어째서 선가(禪家)의 말씀을 굳이 취하겠는가? 세대와 계보의 명칭을 남긴 것만이 아니라 스승과 제자가 이어지는 근거를 널리 기록하였다.

그러나 옛날 책에 실린 것을 보면 잘 다듬어지지 않은 내용을 수록하고 잘 다듬어진 것은 버린 일이 있는데, 다른 기록에 남아 있으면 해당하는 문장을 찾아 보완하고, 더욱 널리 찾아서 덧붙이기도 하였다. 또한 서문과 논설에 이르러 혹 옛 조사(祖師)의 문장이 아닌 것이 사이사이 섞이어 공연히 군소리가 되었으면 모두 간추려서 다 깎아버렸으니, 이같이 하여 1년 만에 일이 끝났다.

저희 신(臣)들은 성품과 식견이 우둔하고, 학문이 넓지 못하고, 기틀이 본래 얕고, 문장력은 부족하여 묘한 도리가 사람에게 달렸다고는 하나 마음에서 떠난 지 오래되고 깊은 진리를 나타내는 말이 세속에서 단절되어, 담벽을 마주한 듯 갑갑하게 지낸 적이 많았다. 과분하게도 추천해 주시는 은혜를 받았으나 아무 힘도 발휘하지 못했다. 편찬하는 일이 이미 끝났으므로 이를 임금님께 바친다. 그러나 임금님의 뜻에 맞지 않아, 임금님께서 거룩히 살펴보시는 데에 공연히 누만 끼치는 것이 아닌가 한다. 삼가 바친다.

한림학사조산대부행좌사간지제고동
수국사판사관사주국남양군개국후식읍
1천백호사자금어대신 양억 지음

景德傳燈錄序 昔釋迦文。以受然燈之夙記當賢劫之次補。降神演化四十九年。開權實頓漸之門。垂半滿偏圓之教。隨機悟理。爰有三乘之差。接物利生。乃度無邊之眾。其悲濟廣大矣。其軌式備具矣。而雙林入滅。獨顧於飲光。屈眗相傳。首從於達磨。不立文字直指心源。不踐楷梯徑登佛地。逮五葉而始盛。分千燈而益繁。達寶所者蓋多。轉法輪者非一。蓋大雄付囑之旨。正眼流通之道。教外別行不可思議者也。

聖宋啟運人靈幽贊。太祖以神武戡亂。而崇淨刹。闢度門。太宗以欽明禦辯。而述祕詮。暢真諦。皇上睿文繼志而序聖教繹宗風。煥雲章於義天。振金聲於覺苑。蓮藏之言密契。竺乾之緒克昌。殖眾善者滋多。傳了義者間出。圓頓之化流於區域。有東吳僧道原者。冥心禪悅。索隱空宗。披弈世之祖圖。采諸方之語錄。次序其源派。錯綜其辭句。由七佛以至大法眼之嗣。凡五十二世。一千七百一人。成三十卷。目之曰景德傳燈錄。詣闕奉進冀於流布。

皇上爲佛法之外護。嘉釋子之勤業。載懷重慎。思致悠久。乃詔翰林學士左司諫知制誥臣楊億。兵部員外郎知制誥臣李維。太常丞臣王曙等。同加刊削。俾之裁定。臣等昧三學之旨迷五性之方。乏臨川翻譯之能。懵毘邪語默之要。恭承嚴命。不敢牢讓。竊用探索匪遑寧居。考其論譔之意。蓋以真空爲本。將以述曩聖入道之因。標昔人契理之說。機緣交激。若拄於箭鋒。智藏發光。旁資於鞭影。

誘道後學。敷暢玄猷。而捃摭之來。徵引所出。糟粕多在。油素可尋。其有大士。示徒。以一音而開演。含靈聳聽。乃千聖之證明。屬概舉之是資。取少分而斯可。若乃別加潤色失其指歸。既非華竺之殊言。頗近錯雕之傷寶。如此之類悉仍其舊。況又事資紀實。必由於善敘。言以行遠。非可以無文。其有標錄事緣。縷詳軌跡。或辭條之紛糾。或言筌之猥俗。並從刊削。俾之綸貫。

至有儒臣居士之問答。爵位姓氏之著明。校歲歷以愆殊。約史籍而差謬。鹹用刪去。以資傳信。自非啟投針之玄趣。馳激電之迅機。開示妙明之真心。祖述苦空之深理。即何以契傳燈之喻。施刮膜之功。若乃但述感應之徵符。專敘參遊之轍跡。此已標於僧史。亦奚取於禪詮。聊存世系之名。庶紀師承之自然而舊錄所載。或掇粗而遺精。別集具存。當尋文而補闕。率加采擷。爰從附益。逮於序論之作。或非古德之文。問廁編聯徒增楦釀(楦釀二字出唐張燕公文集。謂冗長也)亦用簡別多所屏去。汔茲周歲方遂終篇。臣等性識媿於冥煩。學問慚於涉獵。天機素淺。文力無餘。妙道在人。雖刳心而斯久。玄言絕俗。固牆面以居多。濫膺推擇之私。靡著發揮之效。已克終於紬繹。將仰奉於清間。莫副宸襟空塵睿覽。謹上。

翰林學士朝散大夫行左司諫知制誥同
修國史判史館事柱國南陽郡開國侯食邑
一千百戶賜紫金魚袋臣楊億 撰

승려 희위(希渭)의 경덕전등록 재발간사

호주로(湖州路) 도량산(道場山) 호성만세선사(護聖萬歲禪寺)의 늙은 중 희위(希渭)는 본관이 경원로(慶元路) 창국주(昌國州)이며 성은 동(董)씨다.

어릴 때부터 고향의 성에 있는 관음선사(觀音禪寺)에 가서 절조(絶照) 화상을 스승으로 삼았고, 법명(法名)을 받게 되어 자계현(慈溪縣) 개수(開壽)의 보광선사(普光禪寺)에 가서 용원(龍源) 화상에 의해 머리를 깎고 중이 되었다.

그대로 오대율사(五臺律寺)로 가서 설애(雪涯) 화상에게 구족계를 받은 뒤에 짐을 꾸려 서쪽으로 향해 행각을 떠나 수행을 하다가 나중에 다시 은사이신 용원 화상을 만나 이 산으로 옮겨 왔다.

스승을 따라 배움에 참여하고 이로움을 구한 지 벌써 여러 해가 되었다. 항상 스승의 은혜를 생각하면서도 갚을 기회가 없었다. 그런데 삼가 윗대로부터의 부처와 조사들을 수록한 경덕전등록 30권을 보니 7불로부터 법안(法眼)의 법사(法嗣)에 이르기까지 전부 52세대(世代)인데, 경덕(景德)에서 연우(延祐) 병진년에 이르기까지 317년이나 지나서 옛 판본이 다 썩어버려 남아있지 않기 때문에 후학들이 보고 싶어도 볼 수가 없었다. 이에 발심하여 다시 간행한다.

홀연히 내 고향에 있는 천성선사(天聖禪寺)의 송려(松廬) 화상이 소장하고 있던, 여산(廬山)의 은암(隱庵)에서 찍은 옛 책이 가장 보존이 잘된 상태로 입수되었는데, 아주 내 마음에 들었다. 마침내 병진(丙辰)년 정월 10일에 의발 등속을 모두 팔아 1만 2천여 냥을 얻었다. 그날 당장에 공인(工人)에게 간행할 것을 명하여 조사의 도리가 세상에 유포되게 하였다. 이 책은 모두 36만 7천 9백 17자이다. 그해 음력 12월 1일에야 공인의 작업이 끝났다.

당장에 300부를 인쇄하여 전당강(錢塘江) 남북지역과 안중(安衆)지역[9]의 여러 명산(名山)의 방장(方丈)[10]과 몽당(蒙堂)[11]과 여러 요사(寮舍)[12]에 한 부씩을 비치케 하여 온 세상의 도를 분변(分辨)하는 참선납자(參禪衲子)들이 참구하기에 편하도록 하였다. 이를 잘 이용하여 사은(四恩)[13]을 갚고 아울러 삼유(三有)의 중생[14]에게도 도움이 되기 바란다.

대원(大元) 연우(延祐) 3년[15] 음력 12월 1일
늙은 중 희위(希渭)가 삼가 쓰고
젊은 비구 문아(文雅)가 간행을 감독하고
주지 비구 사순(士洵)이 간행하다.

---

9) 두 지역은 희위 스님의 고향인 호주(湖州)와 비교적 인접한 지역들이다.

10) 방장(方丈) : 절의 주지가 거처하는 방. 지금은 견성한 이가 아니더라도 주지를 맡고 있으나 그 당시에는 견성한 도인이라야 그 절의 주지를 맡았다. 따라서 방장에는 대체로 법이 높은 스님이 기거하는 경우가 대부분이었다.

11) 몽당(蒙堂) : 승사(僧寺)의 일에서 물러난 사람이 거처하는 방.

12) 요사(寮舍) : 절에서 대중이 숙식하는 방.

13) 사은(四恩) : 보시(布施), 자애(慈愛), 화도(化導), 공환(共歡)의 네가지 시은(施恩), 또는 부모(父母), 중생(衆生), 국왕(國王), 삼보(三寶)의 네가지 지은(知恩).

14) 삼유(三有)의 중생 : 욕계(慾界), 색계(色界), 무색계(無色界)의 삼계(三界)를 유전하는 미혹한 중생.

15) 서기 1316년.

차 례

일러두기

1. 대만에서 펴낸 『경덕전등록(景德傳燈錄)』(宋釋道原 編, 新文豐出版公司, 民國 75년, 1986년)에 의거해서 번역했으며 누락된 부분 없이 완역하였다.
2. 농선 대원 선사가 각 선사장마다 선리의 토끼뿔을 더하여 닦아 증득하는데 도움이 되도록 하였다.
3. 뜻이 통하지 않는데도 오자가 아닐 때는 옛 한문 사전에서 그 조사 당시에 그 글자가 어떻게 쓰였는가를 찾아 번역하였다. 예를 들어 '還'자가 돌아올 '환'으로가 아니라 영위할 '영'으로 쓰여 뜻이 통한 경우에는 '영위하다' '누리다'로 의역하였다.
4. 선사들의 생몰연대는 여러 기록된 내용이 일치하지 않거나 미상으로 되어 있는 바가 많아, 각 선사 당시의 나라와 왕의 연대, 불교의 상황 등을 역사학자들이 전문적으로 연구하여 밝혀야 할 부분이 있기에, 이 책에서는 여러 자료와 연구 결과가 일치된 내용만을 주에서 표기하였다.
5. 첨가한 주의 내용은 불교에 대한 지식이 없는 이들도 선문답을 참구해 가는데 도움이 되도록 간략하게 달았으며, 주의 내용에 따라서는 사전적인 뜻보다는 선리(禪理)로서 그 뜻을 밝혀 마음에 비추어 참구할 수 있도록 하였다.

第31조 도신(道信) 대사에게서 곁가지로 나온 9세 법손 (76인)

금릉(金陵) 우두산(牛頭山) 6세 조종(祖宗)

- 제1세 법융(法融) 선사
- 제2세 지암(智巖) 선사
- 제3세 혜방(慧方) 선사
- 제4세 법지(法持) 선사
- 제5세 지위(智威) 선사
- 제6세 혜충(慧忠) 선사

(이상 6인은 본문에 기록되어 있다)

앞의 6세 조종들의 법손은 모두 70인이다.
법융(法融) 선사 밑의 3세에서 곁가지로 나온 12인

- 금릉(金陵) 종산(鐘山) 담최(曇璀) 선사

(이상 1인은 본문에 기록되어 있다. 원주)

- 형주(荊州) 대소(大素) 선사
- 유서(幽棲) 월공(月空) 선사
- 백마(白馬) 도연(道演) 선사
- 신안(新安) 정장(定莊) 선사
- 팽성(彭城) 지차(智瑳) 선사
- 광주(廣州) 도수(道樹) 선사

- 호주(湖州) 지상(智爽) 선사
- 신주(新州) 두묵(杜默) 선사
- 상원(上元) 지성(智誠) 선사

앞의 지성 선사에게서 나온 1인

- 정진(定眞) 선사

앞의 정진 선사에게서 나온 1인

- 여도(如度) 선사

(이상 11인은 본문에 기록되어 있지 않다. 원주)

지암(智巖) 선사 밑에서 곁가지로 나온 8인

- 동도(東都) 경담(鏡潭) 선사
- 양주(襄州) 지장(志長) 선사
- 호주(湖州) 의진(義眞) 선사
- 익주(益州) 단복(端伏) 선사
- 용광(龍光) 구인(龜仁) 선사
- 양양(襄陽) 변재(辯才) 선사
- 한남(漢南) 법준(法俊) 선사
- 서천(西川) 민고(敏古) 선사

(이상 8인은 본문에 기록되어 있지 않다. 원주)

법지(法持) 선사 밑에서 곁가지로 나온 2인

- 우두산(牛頭山) 현소(玄素) 선사
- 천주(天柱) 홍인(弘仁) 선사

(이상 2인은 본문에 기록되어 있지 않다. 원주)

지위(智威) 선사 밑의 4세에서 곁가지로 나온 12인

지위(智威) 선사에게서 나온 3인

- 선주(宣州) 안국사(安國寺) 현정(玄挺) 대사
- 윤주(潤州) 학림사(鶴林寺) 현소(玄素) 선사
- 서주(舒州) 천주산(天柱山) 숭혜(崇慧) 선사

앞의 현소(玄素) 선사에게서 나온 1인

- 항주(杭州) 경산(徑山) 도흠(道欽) 선사

앞의 도흠(道欽) 선사에게서 나온 1인

- 항주(杭州) 조과(鳥窠) 도림(道林) 선사

앞의 도림(道林) 선사에게서 나온 1인

- 항주(杭州) 초현사(招賢寺) 회통(會通) 선사

(이상 6인은 본문에 기록되어 있다. 원주)

앞의 현소(玄素) 선사에게서 나온 2인

- 금화(金華) 담익(曇益) 선사
- 오문(吳門) 원경(圓鏡) 선사

앞의 도흠 선사에게서 나온 3인

- 목저산(木渚山) 오(悟) 선사
- 청양(靑陽) 광부(廣敷) 선사
- 항주(杭州) 건자산(巾子山) 숭혜(崇慧) 선사

앞의 도림 선사에게서 나온 1인

- 영암(靈巖) 보관 (寶觀) 선사

(이상 6인은 본문에 기록되어 있지 않다. 원주)

혜충(慧忠) 선사 밑의 2대[兩世]에서 곁가지로 나온 36인

- 천태산(天台山) 불굴암(佛窟巖) 유칙(惟則) 선사

(곁가지로 천태(天台) 운거(雲居)가 나왔다. 원주)

- 천태산(天台山) 운거(雲居) 지(智) 선사

(이상 2인은 본문에 기록되어 있다. 원주)

- 우두산(牛頭山) 도성(道性) 선사
- 강녕(江寧) 지등(智燈) 선사
- 해현(解縣) 회신(懷信) 선사
- 학림(鶴林) 전(全) 선사
- 북산(北山) 회고(懷古) 선사
- 명주(明州) 관종(觀宗) 선사
- 우두산(牛頭山) 대지(大智) 선사
- 백마(白馬) 선도(善道) 선사

4권 법계보

- 우두산(牛頭山) 지진(智眞) 선사
- 우두산(牛頭山) 담옹(譚顒) 선사
- 우두산(牛頭山) 운도(雲韜) 선사
- 우두산(牛頭山) 응(凝) 선사
- 우두산(牛頭山) 법량(法梁) 선사
- 강녕(江寧) 행응(行應) 선사
- 우두산(牛頭山) 혜량(惠良) 선사
- 흥선(興善) 도융(道融) 선사
- 장산(蔣山) 조명(照明) 선사
- 우두산(牛頭山) 법등(法燈) 선사
- 우두산(牛頭山) 정공(定空) 선사
- 우두산(牛頭山) 혜섭(慧涉) 선사
- 유서(幽棲) 도(道遇)우 선사
- 우두산(牛頭山) 응공(凝空) 선사
- 장산(蔣山) 도초(道初) 선사
- 유서(幽棲) 장(藏) 선사
- 우두산(牛頭山) 영휘(靈暉) 선사
- 유서(幽棲) 도영(道穎) 선사
- 우두산(牛頭山) 거영(巨英) 선사
- 석산(釋山) 법상(法常) 선사

- 용문(龍門) 응적(凝寂) 선사
- 장엄(莊嚴) 원(遠) 선사
- 양주(襄州) 도견(道堅) 선사
- 이명오(尼明悟)
- 거사(居士) 은정이(殷淨已)

앞의 혜섭 선사에게서 나온 1인

- 윤주(潤州) 서하사(棲霞寺) 청원(淸源) 선사

(이상 34인은 본문에 기록되어 있지 않다. 원주)

제32조 홍인(弘忍) 대사에게서 곁가지로 나온 5세 법손 (107인)

홍인(弘忍) 대사에게서 곁가지로 나온 제1세 13인

- 북종(北宗) 신수(神秀) 선사
- 숭악(嵩嶽) 혜안(慧安) 국사
- 원주(袁州) 몽산(蒙山) 도명(道明) 선사

(이상 3인은 본문에 기록되어 있다. 원주)

- 양주(楊州) 봉법사(奉法寺) 담광(曇光) 선사
- 수주(隋州) 선조(禪慥) 선사
- 금주(金州) 법지(法持) 선사
- 자주(資州) 지선(智侁) 선사
- 서주(舒州) 법조(法照) 선사

- 월주(越州) 의방(義方) 선사
- 지강(枝江) 도준(道俊) 선사
- 상주(常州) 현색(玄賾) 선사
- 월주(越州) 승달(僧達) 선사
- 백송산(白松山) 유주부(劉主簿)

(이상 10인은 본문에 기록되어 있지 않다. 원주)

홍인(弘忍) 대사에게서 곁가지로 나온 제2세 37인

북종 신수 선사의 법을 이은 19인

- 오대산(五臺山) 거방(巨方) 선사
- 하중부(河中府) 중조산(中條山) 지봉(智封) 선사
- 연주(兗州) 항마장(降魔藏) 선사
- 수주(壽州) 도수(道樹) 선사
- 회남(淮南) 도량산(都梁山) 전식(全植) 선사

(이상 5인은 본문에 기록되어 있다. 원주)

- 형주(荊州) 사랑(辭朗) 선사
- 숭산(嵩山) 보적(普寂) 선사
- 대불산(大佛山) 향육(香育) 선사
- 서경(西京) 의복(義福) 선사
- 홀뢰징(忽雷澄) 선사
- 동경(東京) 일(日) 선사

- 태원(太原) 편정(徧淨) 선사
- 남악(南嶽) 원관(元觀) 선사
- 여남(汝南) 두(杜) 선사
- 숭산(嵩山) 경(敬) 선사
- 경조(京兆) 소복(小福) 선사
- 진주(晋州) 곽산(霍山) 관(觀) 선사
- 윤주(潤州) 모산(茅山) 숭규(崇珪) 선사
- 안육(安陸) 회공(懷空) 선사

(이상 14인은 본문에 기록되어 있지 않다. 원주)

숭악 혜안 국사 등의 법을 이은 18인

혜안 국사에게서 나온 6인

- 낙경(洛京) 복선사(福先寺) 인검(仁儉) 선사
- 숭악(嵩嶽) 파조타(破竈墮) 화상
- 숭악(嵩嶽) 원규(元珪) 선사

(이상 3인은 본문에 기록되어 있다. 원주)

- 상산(常山) 탄연(坦然) 선사
- 업도(鄴都) 원적(圓寂) 선사
- 서경(西京) 도량(道亮) 선사

앞의 도량 선사에게서 나온 5인

- 양주(楊州) 대총관(大總管) 이효일(李孝逸)

- 공부상서(工部尙書) 장석(張錫)
- 국자제주(國子祭酒) 최융(崔融)
- 비서감(秘書監) 하지장(賀知章)
- 목주자사(睦州刺史) 강선(康詵)

앞의 수주 선조 선사에게서 나온 1인

- 정수(正壽) 선사

앞의 몽산 도명 선사에게서 나온 3인

- 홍주(洪州) 숭적(崇寂) 선사
- 강서(江西) 괴(瓌) 선사
- 무주(撫州) 신정(神貞) 선사

앞의 자주 지선 선사에게서 나온 1인

- 자주(資州) 처적(處寂) 선사

앞의 상주 현색 선사에게서 나온 2인

- 의흥(義興) 신비(神斐) 선사
- 호주(湖州) 창(暢) 선사

(이상 15인은 본문에 기록되어 있지 않다. 원주)

홍인(弘忍) 대사에게서 곁가지로 나온 제3세 49인

형주 사랑 선사의 법을 이은 3인

- 자금(紫金) 현종(玄宗) 선사
- 명주(明州) 대매산(大梅山) 차상(車常) 선사

- 전계(塼界) 신휘(愼徽) 선사

(이상 3인은 본문에 기록되어 있지 않다. 원주)

숭산 보적 선사 등의 법을 이은 46인

숭산 보적 선사에게서 나온 24인

- 흥선(興善) 종남산(終南山) 유정(惟政) 선사

(이상 1인은 본문에 기록되어 있다. 원주)

- 광복(廣福) 혜공(慧空) 선사
- 상월(常越) 선사
- 양주(襄州) 협석산(夾石山) 사(思) 선사
- 명찬(明瓚) 선사
- 경애사(敬愛寺) 진(眞) 선사
- 연주(兗州) 수현(守賢) 선사
- 정주(定州) 석장(石藏) 선사
- 남악(南嶽) 징심(澄心) 선사
- 남악(南嶽) 일조(日照) 선사
- 낙경(洛京) 동덕사(同德寺) 간(幹) 선사
- 소주(蘇州) 진량(眞亮) 선사
- 와관사(瓦棺寺) 선(璿) 선사
- 익양(弋陽) 법융(法融) 선사
- 광릉(廣陵) 연(演) 선사

- 협주(陜州) 혜공(慧空) 선사
- 낙경(洛京) 진량(眞亮) 선사
- 택주(澤州) 긍월(亘月) 선사
- 박주(亳州) 담진(曇眞) 선사
- 도량산(都梁山) 숭연(崇演) 선사
- 경조(京兆) 장경사(章敬寺) 징(澄) 선사
- 숭양사(嵩陽寺) 일행(一行) 선사
- 경조산(京兆山) 북사(北寺) 융(融) 선사
- 진주(晋州) 정도(定陶) 정(丁) 거사

(이상 23인은 본문에 기록되어 있지 않다. 원주)

앞의 서경 의복 선사에게서 나온 8인

- 대웅(大雄) 맹(猛) 선사
- 서경(西京) 대진동(大震動) 선사
- 신비(神斐) 선사
- 서경(西京) 대비광(大悲光) 선사
- 서경(西京) 대은(大隱) 선사
- 정경(定境) 선사
- 도파(道播) 선사
- 현증(玄證) 선사

앞의 연주 항마장 선사에게서 나온 3인

- 서경(西京) 적만(寂滿) 선사

4권 법계보

- 서경(西京) 정장(定莊) 선사
- 남악(南嶽) 혜은(慧隱) 선사

앞의 남악 원관 선사에게서 나온 1인

- 신조(神照) 선사

앞의 경조 소복 선사에게서 나온 3인

- 경조(京兆) 남전(藍田) 심적(深寂) 선사
- 태백산(太白山) 일몰운(日沒雲) 선사
- 동백산(東白山) 법초(法超) 선사

앞의 곽산 관 선사에게서 나온 1인

- 현산(峴山) 유(幽) 선사

앞의 자주 처적 선사에게서 나온 4인

- 익주(益州) 무상(無相) 선사
- 익주(益州) 장송산(長松山) 마(馬) 선사
- 초(超) 선사
- 재주(梓州) 효료(曉了) 선사

앞의 의흥 신비 선사에게서 나온 2인

- 서경(西京) 지유(智遊) 선사
- 동도(東都) 지심(智深) 선사

(이상 22인은 본문에 기록되어 있지 않다. 원주)

홍인(弘忍) 대사에게서 곁가지로 나온 제4세 7인

흥선 유정 선사의 법을 이은 2인

- 형주(衡州) 정심(定心) 선사
- 경애사(敬愛寺) 지진(志眞) 선사

(이상 2인은 본문에 기록되어 있지 않다. 원주)

익주 무상 선사 등의 법을 이은 5인

무상 선사에게서 나온 4인

- 익주(益州) 보당사(保唐寺) 무주(無住) 선사

(이상 1인은 본문에 기록되어 있다. 원주)

- 형주(荊州) 명월산(明月山) 융(融) 선사
- 한주(漢州) 운정산(雲頂山) 왕두타(王頭陀)
- 익주(益州) 정중사(淨衆寺) 신회(神會) 선사

앞의 전계 신휘 선사에게서 나온 1인

- 무계(武誡) 선사

(이상 4인은 본문에 기록되어 있지 않다. 원주)

홍인(弘忍) 대사에게서 곁가지로 나온 제5세 1인

경애사 지진 선사의 법을 이은 1인

- 숭산(嵩山) 조(照) 선사

(이상 1인은 본문에 기록되어 있지 않다. 원주)

제31조(祖) 도신(道信) 대사에게서 곁가지로 나온 법손(法孫)

금릉(金陵) 우두산(牛頭山) 6세 조종(祖宗)

제1세 법융(法融) 선사

법융 선사[1]는 윤주(潤州) 연릉(延陵) 사람으로 성은 위(韋)씨였다.

나이 19세에 경전과 사기를 두루 배우고 대부반야(大部般若)를 열람하다가 진공(眞空)의 도리를 밝게 통달하였다.

하루는 홀연히 탄식하며 말하였다.

"세상의 유교와 도교의 경전은 구경의 법이 아니요, 반야의 바른 관법이라야 세상을 벗어나는 배로다."

그리고는 드디어 모산(茅山)에 은둔해서 스승에게 귀의하여 머리를 깎았다.

金陵牛頭山六世祖宗 第一世法融禪師者。潤州延陵人也。姓韋氏。年十九學通經史。尋閱大部般若曉達真空。忽一日歎曰。儒道世典非究竟法。般若正觀出世舟航。遂隱茅山投師落髮。

---

1) 법융 선사(594 ~ 657).

뒤에 우두산에 들어가서 유서사(幽棲寺) 북쪽에 있는 바위굴에 있으니 백가지 새들이 꽃을 물어오는 기이한 일이 있었다.

당의 정관(貞觀)때에 4조가 멀리서 기상을 관찰하고 그 산에 뛰어난 사람이 있음을 알고 몸소 찾아가서 그 사찰의 승려에게 물었다.

"여기에 도인이 있는가?"

그 승려가 대답하였다.

"어찌 출가한 사람치고 도인 아닌 이가 있겠습니까?"

조사가 다시 물었다.

"누가 도인인가?"

그 승려가 대답하지 못하자 다른 승려가 말하였다.

"여기서 산속으로 10리쯤 들어가면 게으름뱅이가 한 사람 있는데 사람을 보아도 일어나지 않고 합장하지도 않습니다. 그가 도인이 아닌가 여겨집니다."

後入牛頭山幽棲寺北巖之石室。有百鳥嗡華之異。唐貞觀中四祖遙觀氣象。知彼山有奇異之人。乃躬自尋訪問寺僧。此間有道人否。曰出家兒那箇不是道人。祖曰。阿那箇是道人。僧無對。別僧云。此去山中十里有一懶融。見人不起亦不合掌。莫是道人。

마침내 조사가 산으로 들어가 대사를 보니 단정히 앉아서 태연자약하게 돌아보지도 않았다. 조사가 물었다.

"여기서 무엇을 하는가?"

대사가 대답하였다.

"마음을 관합니다."

"관하는 것은 누구이며 마음은 어떤 물건인가?"

대사가 대답 없이 벌떡 일어나 절을 하고 말하였다.

"대덕(大德)은 어디에 계시는 어른이십니까?"

조사가 대답하였다.

"빈도(貧道)는 일정하게 사는 곳이 없이 혹은 동으로 혹은 서로 다니오."

"그러면 도신 선사를 아십니까?"

"어째서 그를 물으시오?"

"오랫동안 덕음(德音)을 들어와서 한 번 만나 뵙기가 소원이었습니다."

祖遂入山見師。端坐自若曾無所顧。祖問曰。在此作什麼。師曰觀心。祖曰。觀是何人心是何物。師無對便起作禮。師曰。大德高棲何所。祖曰。貧道不決所止或東或西。師曰。還識道信禪師否。曰何以問他。師曰。嚮德滋久冀一禮謁。

조사가 말하였다.

"내가 도신이오."

대사가 말하였다

"어떻게 여기까지 오셨습니까?"

"특별히 만나러 왔소. 이 밖에 편하게 쉴 만한 곳이 없소?"

대사가 뒤쪽을 가리키면서 말하였다.

"따로 작은 암자가 있습니다."

그리고는 조사를 인도하여 암자로 가니 암자 둘레에는 호랑이와 이리떼가 우글거렸다. 조사가 두 손을 들면서 겁내는 시늉을 하자 대사가 물었다.

"아직도 그런 것이 남았습니까?"

조사가 되물었다.

"방금 무엇을 보았는가?"

대사가 대답하지 못하였다. 조금 있다가 조사가 돌 위에다 '佛'자를 쓰고 앉자 대사가 이를 보고 송구히 생각하니 조사가 물었다.

"아직도 그런 것이 남았는가?"

曰道信禪師貧道是也。師曰。因何降此。祖曰。特來相訪。莫更有宴息之處否。師指後面云。別有小庵。遂引祖至庵所。繞庵唯見虎狼之類。祖乃舉兩手作怖勢。師曰。猶有這箇在。祖曰。適來見什麼。師無對。少選祖却於師宴坐石上書一佛字。師覩之竦然。祖曰。猶有這箇在。

대사가 깨닫지 못해 머리를 숙이고 참된 요지를 설해 주기를 청하였다.

조사가 말하였다.

"무릇 백 천 가지 법문이 모두가 마음〔方寸〕으로 돌아가고 항하의 모래같이 많은 묘한 공덕이 모두가 마음 근원에 있다.

일체 계율, 선정, 지혜, 신통 변화가 모두 스스로 구족해서 그대의 마음을 여의지 않고, 일체 번뇌와 업장이 본래 공적하며 일체 인과가 모두 꿈과 같다.

삼계(三界)를 벗어날 것도 없고 보리를 구할 것도 없다. 사람과 사람 아닌 것, 성품과 형상이 평등하니 대도(大道)는 비고 드넓어서 생각과 걱정이 끊어졌다.

이러한 법을 지금 그대는 얻었다. 조금도 모자람이 없으니 부처와 무엇이 다르랴. 다시 딴 법이 없으니 그대는 그저 마음대로 자유로이 하라.

師未曉乃稽首請說真要。祖曰。夫百千法門同歸方寸。河沙妙德總在心源。一切戒門定門慧門神通變化。悉自具足不離汝心。一切煩惱業障本來空寂。一切因果皆如夢幻。無三界可出。無菩提可求。人與非人性相平等。大道虛曠絕思絕慮。如是之法汝今已得更無闕少。與佛何殊更無別法。汝但任心自在。

관(觀)과 행(行)을 짓지도 말고 마음을 맑게 하려 하지도 말며, 탐욕과 성냄을 일으키지도 말고 근심 걱정도 품지 말라. 탕탕하게 걸림 없이 마음대로 자유자재하라.

모든 선을 짓지도 말고 모든 악을 짓지도 말라. 다니고 멈추고 앉고 누움에 눈에 보이는 것, 만나는 인연이 모두 부처의 묘한 작용으로서 즐겁고 근심이 없나니 그러므로 부처라 한다."

대사가 물었다.

"마음에 이미 구족되어 있다면 어떤 것이 부처이며 어떤 것이 마음입니까?"

조사가 말하였다.

"마음이 아니면 부처를 물을 수 없으며 부처를 묻는 것이 마음이 아닐 수 없다."

대사가 물었다.

"이미 관(觀)과 행(行) 짓는 것을 허락지 않는다면 경계가 일어날 때에는 어떻게 다스리겠습니까?"

莫作觀行。亦莫澄心。莫起貪瞋。莫懷愁慮。蕩蕩無礙任意縱橫。不作諸善不作諸惡。行住坐臥觸目遇緣。總是佛之妙用快樂無憂。故名為佛。師曰。心既具足。何者是佛何者是心。祖曰。非心不問佛。問佛非不心。師曰。既不許作觀行。於境起時心如何對治。

조사가 말하였다.

"경계인 인연은 좋고 나쁨이 없지만, 좋고 나쁨이 마음에서 일어나니 마음이 만약 억지로 이름을 짓지 않으면 망정(忘情)이 어디로부터 일어나리오.

망정이 이미 일어나지 않으면 참 마음〔眞心〕이 두루 안다. 그대가 다만 마음에 맡겨 자유로이 하여서 더 다스리려고도 하지 않으면 그것이 변함없는 상주법신(常住法身)이니 변하거나 달라질 수 없는 것이다.

내가 승찬(僧璨) 대사의 돈교법문(頓教法門)을 받아서 이제 그대에게 전하니 그대는 지금 내 말을 잘 듣고 이 산에만 머물러라.

祖曰。境緣無好醜。好醜起於心。心若不彊名。妄情從何起。妄情既不起。真心任遍知。汝但隨心自在無復對治。即名常住法身無有變異。吾受璨大師頓教法門。今付於汝。汝今諦受吾言只住此山。

이 뒤에 다섯 사람의 달자(達者)가 나타나서 그대의 현묘한 교화를 계승하리라."[2)] 조사는 법을 전한 뒤에 다시 쌍봉산으로 돌아가서 생애를 마쳤다.

向後當有五人達者紹汝玄化(圭峯判為泯絕無寄宗。引破相教而印之。有僧問。南泉。牛頭未見四祖時。為什麼鳥獸噉華來供養。南泉云。只為步步躡佛階梯。洞山云。如掌觀珠意不暫捨。僧云。見後為什麼不來。南泉云。直饒不來猶較王老師一線道。洞山云。通身去也。又一尊宿答前兩問皆云。賊不打貧兒家。僧問一老宿。牛頭未見四祖時如何。云如條貫葉。僧云。見後如何。云秋夜紛紛。又僧問吳越永明潛禪師。牛頭未見四祖時如何。潛云牛頭。僧云。見後如何。潛云牛頭。諸方舉唱甚多不可備錄)祖付法訖。遂返雙峯山終老。

---

2) 규봉(圭峯)이 이를 민절무기종(泯絶無寄宗)이라 단정하고 파상교(破相敎)의 학설을 인용하여 증명하였다. 어떤 승려가 남전(南泉)에게 묻기를 "우두(牛頭)가 4조를 만나기 전에는 어찌하여 새들과 짐승들이 꽃과 과일을 물어다 공양했습니까?" 하니 남전이 대답하기를 "다만 걸음마다 부처의 계단〔階梯〕을 밟기 때문이다." 하였다. 동산(洞山)은 대답하기를 "손바닥의 구슬을 보는 것같이 잠시도 마음을 놓지 않기 때문이다." 하였다. 승려가 다시 묻기를 "만난 뒤에는 어찌하여 새들이 오지 않았습니까?" 하니 남전이 대답하기를 "바로 넉넉해서 오지 않는 것이 오히려 왕노사(王老師)의 한 줄기 도와 겨루는 것이다." 하였다. 동산은 대답하기를 "온통 몸이니라." 하였다. 또 어떤 존숙이 위 두 물음을 합쳐 대답하기를 "도적은 가난한 집 아이는 때리지 않는다." 하였다. 어떤 승려가 한 존숙에게 묻기를 "우두가 4조를 만나기 전에는 어떠합니까?" 하니 대답하기를 "실로써 잎사귀를 꿰는 것 같다." 하였다. 그 승려가 다시 묻기를 "만난 뒤엔 어떠합니까?" 하니 대답하기를 "가을밤에 낙엽이 우수수 떨어진다." 하였다. 또 어떤 승려가 오월(吳越)의 영명(永明) 잠 선사(潛禪師)에게 묻기를 "우두가 4조를 만나기 전에 어떠합니까?" 하니 잠 선사가 대답하기를 "우두였지." 하였다. 승려가 묻기를 "만난 뒤에는 어떠합니까?" 하니 잠 선사가 대답하기를 "우두였지." 하였다. 제방에서 거량한 일은 이루 다 기록할 수 없다. (원주)

이로부터 대사의 법석이 성황하였다. 당(唐)의 영휘(永徽) 때에 대중들의 양식이 떨어지니, 대사는 단양(丹陽)에 가서 화주하여 산길 80리를 한 섬 여덟 말의 쌀을 직접 지고 왔다. 아침에 갔다가 저녁에 돌아와 300명의 두 때 공양을 거르지 않게 하기를 3년을 계속하였다.

읍재(邑宰) 소원선(蕭元善)이 건초사(建初寺)에서 『대반야경』[3]을 강의하기를 청하니, 듣는 이가 구름같이 모였다. 「멸정품」에 이르렀을 때에는 땅이 진동하니 강의를 그만두고 산으로 돌아갔다.

박릉(博陵)왕이 대사에게 물었다.

"경계가 물질〔色〕을 반연(攀緣)[4]하여 일어날 때에 물질을 반연하여 일어난다 하지 않거늘 어떻게 인연임을 알아서 그 일어남을 쉬게 합니까?"

師自爾法席大盛。唐永徽中。徒眾乏糧。師往丹陽緣化。去山八十里。躬負米一石八斗。朝往暮還供僧三百。二時不闕三年。邑宰蕭元善。請於建初寺講大般若經。聽者雲集。至滅靜品地為之震動。講罷歸山。博陵王問師曰。境緣色發時。不言緣色起。云何得知緣。乃欲息其起。

---

3) 『대반야경』 : 모든 법이 공하다는 것을 밝힌 경. 당(唐)의 현장이 번역했다. 전600권.

4) 반연(攀緣) : 원인을 도와서 결과를 맺게 하는 것.

대사가 대답하였다.

"경계와 물질이 처음 일어날 때에 경계와 물질 두 가지 성품이 공한 것이어서 본래 알아야 할 반연이란 것이 없다. 마음의 사량과 앎은 동일한 것이다.

본래 발함이 발함이 아님을 비춰보면 이때 일어나고 스러지는 것을 쉬게 된다.

그윽한 마음에서 반연하는 마음이 일어남을 깨달으면 생각이 반연을 쫓지 않게 되어 지극하여 나기 전과 같아 색심(色心)에서 기른 것이 아니다.

높고 큰 공(空)은 본래 무념이거늘 생각과 받음으로 념(念)이 생겼다고 말하지만 일어났다고 한 법은 실로 일어난 적이 없거니 어찌 부처님의 가르침을 쓰리오."

師答曰。境色初發時。色境二性空。本無知緣者。心量與知同。照本發非發。爾時起息[5]息。抱暗生覺緣。心時緣不逐。至如未生前。色心非養育。從空本無念。想受言念生。起法未曾起。豈用佛教令。

5) 息이 송, 원, 명나라본에는 自로 되어 있다.

박릉왕이 물었다.

“눈을 감으면 물질은 보이지 않으나 경계에 대한 생각은 더욱 많아집니다. 물질이 이미 마음과 관련이 없다면 경계가 어디에서 일어납니까?”

대사가 대답하였다.

“눈을 감으면 물질은 보이지 않으나 마음 안으로 많은 생각이 움직이는 것은 환화인 의식을 빌려서 이루어진 작용이라 종국적으로는 일으키거나 이름할지라도 허물이랄 것도 없다.

물질이 관계하지 못한 마음을 알면 마음 또한 사람과 관계하지 않는 행을 따라 서로 굴림이 있음이여, 참으로 마치 새가 날아갔으나 공중에 흔적이 없는 것과 같다.”

박릉왕이 물었다.

“경계가 일어난다지만 장소랄 것마저 없으므로 인연을 알아야만 난 곳을 알아 마칠 수 있습니다.

問曰。閉目不見色。境慮乃便多。色既不關心。境從何處發。師曰。閉目不見色。內心動慮多。幻識假成用。起名終不過。知色不關心。心亦不關人。隨行有相轉。鳥去空中真。問曰。境發無處所。緣覺了知生。

경계가 사라졌다지만 지각은 여전히 움직이니 지각이 변하여 경계가 됩니다. 만일 마음으로 마음을 이끌면 깨달음으로 깨달음을 영위한다 하겠지만 이를 쫓아 따르고 따른다면 생멸을 여의지는 못하게 됩니다."

대사가 대답하였다.

"물질이다, 마음이다, 앞이다, 뒤다, 중간이다 하지만 진실로 반연하여 일으키는 경계라는 것도 없다. 한 생각마저도 스스로 그쳐 사라지면 누가 움직임과 고요함을 헤아리겠는가?

이 앎은 혼연하여 구별이 없는 앎[6]이므로 앎과 앎이 반연의 앎이 아니면 본래의 모습을 스스로 체험하리니 어찌 밖에서 구하리오.

눈앞의 경계라 해도 변하여 사라져 가는 것도 아니요, 뒷생각이라 해도 이제도 미래도 아니니 달을 찾는 이가 검은 그림자에 집착하고 새를 쫓는 이가 자취를 더듬고 있는 것과 같다.

境謝覺還轉。覺乃變為境。若以心曳心。還為覺所覺。從之隨隨去。不離生滅際。師曰。色心前後中。實無緣起境。一念自凝忘。誰能計動靜。此知自無知。知知緣不會。當自檢本形。何須求域外。前境不變謝。後念不來今。求月執玄影。討迹逐飛禽。

---

6) 원문의 '此知自無知'를 '이 앎은 혼연하여 구별이 없는 앎'이라고 번역하였다. 여기서는 '自'와 '無'를 다음과 같은 뜻으로 새겨야만 문장의 뜻이 통하게 되기 때문이다.
'自'는 선문에서 '처음 비롯하다'라는 의미로 쓰기도 한다.『東亞漢韓大辭典』
'無'는 선문에서 '혼연하여 구별이 없는 만물의 근원이 되는 도'라는 의미로 쓰기도 한다.『東亞漢韓大辭典』

마음의 본 성품을 알고자 하는 것은 도리어 꿈속을 보려는 것과 같다. 비유컨대 6월의 얼음과 같으니 모두가 그러하다.

허공을 피하려 해도 끝내 벗어나지 못하고 허공을 구하려 하여도 이루어질 수 없다. 다시 묻노니 거울 속의 상이 어떻게 마음을 내겠는가?"

박릉왕이 다시 물었다.

"바로〔恰恰〕[7] 마음을 쓸 때에 어떻게 해야 편안하고 좋겠습니까?"

대사가 대답하였다.

"바로〔恰恰〕 마음을 쓸 때는 바로 무심으로 써라. 이름과 상〔名相〕으로 수고롭게 말할 것인가? 직설하면 번거롭고 중첩되는 것이 없다. 무심을 바로 쓰면 항상 쓰는 것이 바로 없음〔無〕이어서, 지금 말하는 무심처가 유심과 다르지 않으리라."

欲知心本性。還如視夢裏。譬之六月氷。處處皆相似。避空終不脫。求空復不成。借問鏡中像心從何處生。問曰。恰恰用心時。若為安隱好。師曰。恰恰用心時。恰恰無心用。曲譚名相勞。直說無繁重。無心恰恰用。常用恰恰無。今說無心處。不與有心殊。

---

7) 흡흡(恰恰) : 원문의 흡흡(恰恰)은 ① 마음을 쓰는 모습. ② 융화하는 모습. ③ 새가 우는 소리(의성어). ④ 바로, 딱 맞게. 등의 뜻으로 쓰인다.

박릉왕이 다시 물었다.

"지혜로운 이가 인용한 묘한 말은 마음과 서로 일치하나 말과 마음길이 다르면 합하여도 만 배나 어긋납니다."

대사가 말하였다.

"방편으로 묘한 말을 해서 병(病)을 고치는 대승의 도라고 하나 본 성품과는 관계없는 일이니 도리어 허공이 화하여 지어내는 것과 같다.

무념이라야 참되고 항상하니 끝내는 마음이니 길이니가 끊어져 생각을 여읜 성품이라, 요동하지 않고 생멸하거나 무너짐이 없다.

산골짜기의 메아리는 먼저 소리가 있어야 한다. 거울 속의 상이 돌아보던가!"

박릉왕이 다시 물었다.

"수행자가 체득한 경계가 있으면 경계가 없다는 것을 깨달았을 것이니 앞의 깨달음과 뒤의 깨달음과 경계를 합하여 세 마음이 있겠습니다."

問曰。智者引妙言。與心相會當。言與心路別。合則萬倍乖。師曰。方便說妙言。破病大乘道。非關本性譚。還從空化造。無念為真常。終當絕心路。離念性不動。生滅無乖悞。谷響既有聲。鏡像能迴顧。問曰。行者體境有。因覺知境亡。前覺及後覺。并境有三心。

대사가 말하였다.

“경계를 쓴다 하면 본바탕의 깨달음이 아니니 깨달았다는 것을 그쳤다는 생각마저 없어야 한다. 깨달음으로 인해 경계가 없음을 안다거나 깨달아서 경계를 일으키지 않는다고 하면 앞의 깨달음과 뒤의 깨달음과 경계를 합하여 곧 셋이 있게 된다.”

박릉왕이 다시 물었다.

“선정에 머물러서 모두 굴리지 않는 것을 올바른 삼매라 해서 모든 업이 이끌지 못한다 하나 미세한 무명이 서서히 그 뒤를 밟는 줄을 알지 못합니다.”

대사가 말하였다.

“다시 듣건대 어떤 사람은 헛되이 집착하여 마음의 헤아림을 일으켜, 셋 가운데의 일〔事〕을 이루지 못해 굴려서 영위하지 못하니 허망한 것이다. 마음을 선정〔正受〕[8]으로 속박해서 업장을 맑히려 하지만 마음의 티끌을 만분의 일이라도 다하지 못하면 무명이라 말한다.

師曰。境用非體覺。覺罷不應思。因覺知境亡。覺時境不起。前覺及後覺。并境有三遲。問曰。住定俱不轉。將為正三昧。諸業不能牽。不知細無明。徐徐躡其後。師曰。復聞別有人。虛執起心量。三中事不成。不轉還虛妄。心為正受縛。為之淨業障。心塵萬分一。不了說無明。

8) 정수(正受) : 원문의 정수(正受)는 선정을 뜻하는 말로, 산란한 마음을 여의고 무념무상의 경지에서 법을 받아지님을 말한다. 범어 삼매(三昧:samaya)의 의역.

미세한 습기가 일어남으로 인해 서서히 이름과 형상이 나게 된다. 바람이 불면 파도가 일어나는 법이니 고요히 하려면 물이 안정되어야 하듯이, 다시 앞길을 말하고자 하나 뒷마음이 놀랄까 두렵구나.

무념이라 해도 큰 짐승의 울부짖음이요, 성품이 공하다 함까지도 서리와 우박이 내림이니, 별같이 흩어져 있는 잡초가 꺾이고 이리저리 나는 새까지도 떨어져야 한다.

다섯 길[9]의 어지러움이 안정되어야 하고, 네 가지 마(四魔)[10]도 앞으로 오지 못하고 물러서야 하니, 마치 사나운 불길에 탄 것 같으며 예리한 검으로 벤 것 같아야 한다."

박릉왕이 다시 물었다.

"깨달음에 의거하여 만법을 알면 만법이 본래 이러합니다. 만약 비추고 쓰는 마음에 이르면 다만 비추고 쓰는 마음뿐이리니 마음속의 일이랄 것도 없겠습니다."

細細習因起。徐徐名相生。風來波浪轉。欲靜水還平。更欲前途說。恐畏後心驚。無念大獸吼。性空下霜雹。星散穢草摧。縱橫飛鳥落。五道定紛綸。四魔不前却。既如猛火燎。還如利劍斫。問曰。賴覺知萬法。萬法本來然。若假照用心。只得照用心。不應心裏事。

9) 다섯 길 : 천도(天道), 인도(人道), 축생도(畜生道), 아귀도(餓鬼道), 지옥도(地獄道).

10) 네 가지 마(四魔) : 온마(蘊魔), 번뇌마(煩惱魔), 사마(死魔), 천마(天魔).

대사가 말하였다.

"깨달음에 의거하여 만법을 알면 만법은 의거함이랄 것도 없다. 만약 비추고 쓰는 마음에 이르면 마음 이외에 있는 것이 없다."

박릉왕이 다시 물었다.

"맡기고 맡겨 간택함이 없습니다. 밝은 마음이 현전하지 못하면 다시 마음이 어두워질까 염려되며 마음을 써 공(功)을 행(行)하려 함이 있으면 지혜의 장애를 제거하기 더욱 어렵겠습니다."

대사가 말하였다.

"이것이 있다 하나 있지 않고, 이것을 찾았다 하나 찾은 것도 아니어서, 간택함이 없다 하면 참으로 간택함이 되니 마음을 밝혀 어두움에서 나왔다는 얻음이 있으면 마음 깊숙이 어두워질까 염려되는 것이다.

마음의 공행(功行)에 맡겨두면 어찌 지혜의 장애니 어려움이니 하는 말을 하리오. 부처에 이르렀다 해도 병이 되는 것이다."

師曰。賴覺知萬法。萬法終無賴。若假照用心。應不在心外。問曰。隨隨無簡擇。明心不現前。復慮心闇昧。在心用功行。智障復難除。師曰。有此不可有。尋此不可尋。無簡即真擇。得闇出明心。慮者心冥昧存。心託功行。何論智障難。至佛方為病。

박릉왕이 다시 물었다.

“중도〔中道[11),消息間[12)]라 함마저도 끊는 것은 정말로 쉽지 않겠습니다. 스스로 수행을 하여 쓰는 사람이 아니라면 이것은 어려움 중에서도 가장 어려운 것이겠습니다.”

대사가 말하였다.

“중도라 함마저 끊고자 한다면 그것은 쉬운 일도 어려운 일도 아닌 것이다.

먼저 마음의 당처를 마음으로 관조하고, 다음에는 지혜 가운데 지혜로써 헤아리고, 셋째는 헤아리는 놈을 관조하고, 넷째는 기억함이 없이 통달하고, 다섯째는 이름에서 해탈해야 한다.

問曰。折中消息間。實亦難安怗。自非用行人。此難終難見。師曰。折中欲消息。消息非難易。先觀心處心。次推智中智。第三照推者。第四通無記。第五解脫名。

11) 중도(中道) : 고락의 양편을 떠난 올바른 행법(行法).

12) 소식간(消息間) : 원문의 소식간(消息間)이라는 것은 가없는 체성에서 최초의 무명으로부터 육도가 전개되고, 다시 닦아 본체성을 밝혀 환귀본처(還歸本處)하여서는 환귀본처 했다는 생각마저 없는 무심(無心)으로 교화하는 경지까지 모두 내포한 말이기에, 몇 자 글월로 그 심오한 뜻을 다 드러낼 수 없어서 중도(中道)라는 말에 그 의미를 담아 물어 두었다.

여섯째는 참과 거짓에 평등하고, 일곱째는 법의 근본을 알고, 여덟째는 함이 없는 자비이고, 아홉째는 텅 빈 음덕이 두루 하고, 열째는 구름에서 비를 두루 뿌린 듯이 해야 한다.

끝까지 다하여 깨달았다 함마저 없으면, 무명이라 하나 본래 지혜의 나툼이어서 마음 거울 속에 삼업(三業)[13]을 나타내어 환인(幻人)이 네거리에서 교화를 함이라.

비었다는 것에도 갓〔邊〕이라는 것에도 다했다는 것까지도 머무름 없이 있음과 중간과 없음을 반조해 보아라.

비고 있음에서 벗어났다고도 못할 것이며 비고 있음을 갖췄다고도 못할 것이니, 그것을 중도마저 끊어버렸다고 이름하는 것이다.

중도마저 끊어버렸다 함은 말로써 할 바가 아니니, 편안하고 고요함은 처소가 없는 편안함이라 쓰는 행위로써 어찌 판단하리오."

第六等真偽。第七知法本。第八慈無為。第九遍空陰。第十雲雨被。最盡彼無覺。無明生本智。鏡像現三業。幻人化四衢。不住空邊盡。當照有中無。不出空有內。未將空有俱。號之名折中。折中非言說。安怗無處安。用行何能決。

13) 삼업(三業) : 여기서는 성인의 삼업인 계 · 정 · 혜를 말한다.

박릉왕이 다시 물었다.

"또 한 종류의 사람들은 '공과 형상 없음을 잘 알아서 선정과 산란이 동일하다.'라고 말하며, 또는 '있음과 중간과 없음이라지만 증득하면 쓰는 가운데 항상 고요하고, 깨달아 알면 고요한 가운데 항상 쓴다. 쓰는 마음이 참다운 이치에 일치하면 쓰되 씀이 없는 지혜의 방편이 많아서 말이 이치와 합한다.'라고 합니다.

여여한 이치는 본래 여여하여 식심으로 말미암아 아는 것이 아니어서 마음을 안다하면 아는 것이 아니니, 마음이라 하는 마음마저 없어야 하는 것입니다. 이와 같이 알기 어려운 법은 영원한 겁에도 알 수 없어서 이와 같이 마음을 쓰는 이는 법으로도 교화 한다 못하겠습니다."

대사가 말하였다.

"따로 공(空)을 증득함이 있다는 사람은 앞의 게송에서 논한 것과 같다.

問曰。別有一種人。善解空無相。口言定亂一。復道有中無。同證用常寂。知覺寂常用。用心會真理。後言用無用。智慧方便多。言辭與理合。如如理自如。不由識心會。既知心會非。心心復相泯。如是難知法。永劫不能知。同此用心人。法所不能化。師曰。別有證空者。還如前偈論。

'공'만을 행하여 적멸만을 지키면 식견이 곧 되살아날 것이니, 진리를 안다는 것이 마음의 헤아림일 뿐이어서 끝내 근원을 깨닫지 못한 줄 알아야 한다.

또 마음의 씀을 쉰다는 것이 더 지혜로운 것 같지만 실로 성품을 밝히지 못하면 공(空)을 구한다 해도 자기만 피로할 뿐이다. 영원한 겁 동안 깊은 의식 속에 머물러서 상에 매여 있는 줄 도무지 모르니, 빛을 발하여 곧 땅을 움직인다 한들 거기에서 무엇을 어쩌겠는가?"

박릉왕이 물었다.

"앞에서 말한 바 마음을 본 이에게도 얇은 비단의 두께와 같은 어려움이 있습니까?"

대사가 말하였다.

"마음을 본 이에게 비단의 두께와 같은 어려움이 있다면 허깨비 같은 마음을 어찌 보리오. 하물며 허깨비 같은 마음도 없으니 조심스러워 입을 대기 어렵다."

行空守寂滅。識見暫時翻。會真是心量。終知未了原。又說息心用。多智疑相似。良由性不明。求空且勞己。永劫住幽識。抱相都不知。放光便動地。於彼欲何為。問曰。前件看心者。復有羅縠難。師曰。看心有羅縠。幻心何待看。況無幻心者。從容下口難。

박릉왕이 물었다.

"오랫동안 큰 업이 있어서 마음의 길이 어긋나 간격이 벌어졌으니, 미세한 장애를 깨달으면 즉시 진리〔真際〕를 통달하나 스스로가 매우 지혜로운 스승이 아니면 이 이치를 결단하지 못할 것입니다.

바라건대 대사께서 저에게 비밀한 법문을 보여주셔서 마음 닦는 이들을 인도해 바른 도를 잃지 않게 해주십시오."

대사가 대답하였다.

"법성의 본바탕의 업이란 것은 꿈과 같은 경계로 어긋나 이루어진 것이니, 실상인 미세한 몸을 물질이니 마음이니 해서는 항상함을 깨닫지 못한 것이다.

홀연히 만난 하늘땅 이전의 선비〔박릉왕〕가 중생들을 가엾이 여겨 의심이 있는 듯이 하여 널리 물어 주어서, 이치를 안으로 품어 항상함을 밝게 하여 생사의 어두운 길을 밝히고 칭찬과 비방에 마음이 요동치 않게 하였으며 나는 분명한 답을 드러내 주었다.

問曰。久有大基業。心路差互間。得覺微細障。即達於真際。自非善巧師。無能決此理。仰惟我大師。當為開要門。引導用心者。不令失正道。師曰。法性本基業。夢境成差互。實相微細身。色心常不悟。忽逢混沌士。哀怨愍群生。託疑廣設問。抱理內常明。生死幽徑徹。毀譽心不驚。野老顯分答。

법상(法相)도 허물이지만 중생에게 약을 베풀기 위해서였을 뿐이니 물질이니 성품이니 하나, 같음을 영위하라."

현경(顯慶) 원년에 읍재(邑宰)[14] 소원선이 산에서 내려와 건초사에 살기를 청하였다.

대사가 사양하다가 마지못하여 마침내 상수제자인 지암(智巖)을 방에 들라 분부하고 법인을 전한 뒤에 차례차례 전해주도록 당부하였다. 그리고는 산을 떠나려 할 때에 대중에게 말하였다.

"내가 다시 이 산을 밟지 못할 것이다."

이때에 새와 짐승들이 슬피 울기를 한 달이 넘도록 그치지 않았고 절 앞에 큰 오동나무 네 그루가 있었는데 한여름이건만 홀연히 스스로 시들어 떨어졌다.

그 이듬해 정사년 윤 정월 23일 건초사에서 임종하니, 수명은 64세이고 법랍(法臘)[15]은 41세였다.

法相媿來儀。蒙發群生藥。還如色性為。顯慶元年邑宰蕭元善。請出山住建初。師辭不獲免。遂命入室上首智巖。付囑法印令以次傳授。將下山謂眾曰。吾不復踐此山矣。時鳥獸哀號踰月不止。庵前有四大桐樹。仲夏之月忽自凋落。明年丁巳閏正月二十三日終於建初。壽六十四。臘四十一。

14) 읍재(邑宰) : 현령. 縣令。
15) 법랍(法臘) : 승려가 구족계를 받고 비구와 비구니가 된 해부터 세는 나이.

그달 27일 계룡산에 무덤을 만들었는데 전송하는 이가 1만여 명이나 되었다.

그 우두산의 옛터에 금원(金源), 호포천(虎咆泉), 석장천(錫杖泉), 금구등지(金龜等池) 등의 연못과 좌선하던 석실이 지금도 모두 남아 있다.

二十七日窆於雞籠山。會送者萬餘人。其牛頭山舊居。金源虎咆泉錫杖泉金龜等池。宴坐石室今悉存焉。

토끼뿔

법융의 경지를 알고 싶은가?

어느 날은 지극함을 다하고
어느 날부터는 지극함마저 없구나
경계가 일어난다 하지만 장소 없고
인연을 안다지만 앎이 분별 아니라
이러히 함이 없이 굴리어 누릴 뿐을…
어느 때나 이러히 법계화한 그 자체로
때 따라 본연지혜 굴리어 응함이라
곳마다 태평천지 노래와 춤이라네
돌사자 법사 되어 입의 광명 뿜어내고
옥기린 천녀 되어 구름 위서 노래한데
모래용 악사 되어 풍악으로 맞이하네

제2세 지암(智巖) 선사

지암 선사[16]는 곡아(曲阿) 사람으로 성은 화(華)씨였다. 젊었을 때에 지혜와 용맹이 남보다 뛰어났고 키는 일곱 자 여섯 치나 되었다.

수(隋)의 대업(大業) 때에 낭장(郎將)[17]이 되어서 항상 활 끝에다 물 거르는 주머니 하나를 달고 다니면서 가는 곳마다 물을 떠먹었고 자주 대장을 따라 토벌을 나가서 여러 차례 공을 세웠다.

당의 무덕(武德) 때에 나이 40세가 되자 출가를 원하여 서주(舒州) 환공산(皖公山)에 들어가서 보월(寶月) 선사의 제자가 되었다.

그 뒤 어느 날 좌선을 하는 중에 키가 열 자가 넘는 이상한 승려가 보였는데 모습이 훤칠하고 말소리가 맑고 밝았다.

그가 대사에게 말하였다.

第二世智巖禪師者。曲阿人也。姓華氏。弱冠智勇過人。身長七尺六寸。隋大業中為郎將。常以弓掛一濾水囊。隨行所至汲用。累從大將征討頻立戰功。唐武德中。年四十。遂乞出家。入舒州皖公山。從寶月禪師為弟子。後一日宴坐。覩異僧身長丈餘。神姿爽拔詞氣清朗。謂師曰。

---

16) 지암 선사(600 ~ 677).

17) 낭장(郎將) : 무관의 벼슬이름.

"그대는 여든 번이나 출가했던 몸이니 마땅히 더욱 부지런히 정진하라."

말을 마치자 이내 사라졌다.

일찍이 산골짜기에서 선정에 들었는데 갑자기 산골물이 넘쳤으나 대사가 태연히 요동치 않으니 그 물이 저절로 물러갔다. 어떤 사냥꾼이 지나다가 이를 보고는 지난 잘못을 고치고 선행을 닦았다.

또 옛날에 같이 군인이었던 두 사람이 있었는데 대사가 은둔하고 있다는 말을 듣고 함께 산으로 들어가서 대사를 찾았다. 이윽고 대사를 만나게 되자 말하였다.

"낭장은 미쳤는가? 왜 여기에 있소?"

대사가 대답하였다.

"나는 광증에서 깨어나려고 하는데 그대의 광증은 한창 발하고 있구나. 무릇 색음(色淫)과 소리를 좋아하고 영화를 탐하며 은총을 바라면 생사에 해매일 뿐이니 어찌 생사를 벗어나리오."

두 사람이 깊이 감동되어 깨우치고 찬탄하며 물러갔다.

卿八十生出家。宜加精進。言訖不見。嘗在谷中入定。山水瀑漲。師怡然不動。其水自退。有獵者遇之。因改過修善。復有昔同從軍者二人。聞師隱遁。乃共入山尋之。既見因謂師曰。郎將狂耶何為住此。答曰。我狂欲醒君狂正發。夫嗜色淫聲貪榮冒寵。流轉生死何由自出。二人感悟歎息而去。

대사는 정관(貞觀) 17년에 건업(建業)으로 돌아가서 우두산에 들어가 우두 법융 선사를 뵙고 큰일을 밝혔다.

법융 선사가 대사에게 말하였다.

"내가 도신 대사의 참 비결을 받은 후 얻은 바가 모두 없어졌다. 설사 어떤 한 법이 열반보다 수승하다고 하여도 나는 역시 꿈과 허깨비와 같다고 말하리라. 한 티끌이 날아서 하늘을 가리고 한 겨자씨가 떨어져서 땅을 덮는다 하여도 그대는 지금 이런 견해마저 초월했으니 내가 더 무엇을 말하랴. 산문(山門)에서 교화하고 인도할 일을 그대에게 맡긴다."

대사는 분부를 받고 제2세가 되었다. 뒤에 다시 정법을 혜방 선사에게 전하고 백마사(白馬寺)와 서현사(棲玄寺)에 머물렀는데 다시 석두성으로 옮겨 머물렀다.

師貞觀十七年歸建業入牛頭山。謁融禪師發明大事。禪師謂師曰。吾受信大師真訣所得都亡。設有一法勝過涅槃吾說亦如夢幻。夫一塵飛而翳天。一芥墮而覆地。汝今已過此見。吾復何云。山門化導當付之於汝。師稟命為第二世。以後[18]正法付方禪師。住白馬棲玄兩寺。又遷住石頭城。

18) 以後가 송, 원, 명나라본에는 後以로 되어 있다.

의봉(儀鳳) 2년 정월 10일에 입멸하였는데, 얼굴빛이 변하지 않았고 몸이 부드러워 살아있을 때와 같았으며 방안에 이상한 향기가 가득하여 열흘이 지나도 가시지 않았다.

유언에 따라 수장(水葬)을 지내니, 수명은 78세이고 법랍(法臘)은 39세였다.

於儀鳳二年正月十日示滅。顔色不變屈伸如生。室有異香經旬不歇。遺言水葬。壽七十有八。臘三十有九。

토끼뿔

도신 대사의 참 비결을 받은 뒤 얻은 바가 모두 없어진 도리를 알고 싶은가?

산천의 계곡의 물 홀연히 불어나고
한 선승 깊은 선정 천연도 스러운데
산새들 이리저리 날으며 노래일세

험.

제3세 혜방(慧方) 선사

혜방 선사는 윤주(潤州)의 연릉(延陵) 사람으로 성은 복(濮)씨였다. 개선사(開善寺)로 출가하였는데 구족계를 받을 무렵에는 경론(經論)[19]에 환하게 밝았다.

뒤에 우두산에 들어가서 지암 선사를 뵙고 비밀한 요지를 묻자 지암 선사는 그가 정법을 감당할 만한 근기임을 보고는 마침내 심인을 보여주니, 대사가 활연히 깨달았다.

그로부터 숲과 호수에서 나가지 않기를 거의 10년이 넘으니 사방의 학자가 구름같이 모였다.

어느 날 아침, 대사가 대중에게 말하였다.

"나는 다른 곳으로 가서 근기에 따라 중생들을 이익되게 할 생각이니 너희들은 잘 있어라."

第三世慧方禪師者。潤州延陵人也。姓濮氏。投開善寺出家。及進具。洞明經論。後入牛頭山。謁巖禪師諮詢祕要。巖觀其根器堪任正法。遂示以心印。師豁然領悟。於是不出林藪僅踰十年。四方學者雲集。師一旦謂眾曰。吾欲他行隨機利物。汝宜自安也。

---

19) 경론(經論) : 경(經)은 부처님께서 설하신 법문을 기록한 것이고, 논(論)은 후대 조사가 부처님의 참뜻을 밝혀 놓은 것이다.

그리고는 정법안장을 법지(法持) 선사에게 전하고 모산(茅山)으로 돌아갔다.

몇 해 있다가 열반에 들려 하는데, 500명쯤 되는 사람들이 머리카락을 뒤로 드리워 보살같이 꾸미고 제각기 번과 꽃을 들고 와서 말하기를 "법사님의 강의를 청합니다."라고 하였다. 또 감동한 산신이 큰 구렁이의 몸으로 나타나 뜰 앞에서 울면서 작별하는 듯한 모습을 보였다.

대사가 시자인 홍도(洪道)에게 말하였다.

"나는 떠나야겠다. 너는 지금 문인들에게 가서 이 사실을 알려라."

문인들이 달려왔을 때 대사는 이미 열반에 들었으니, 이는 곧 당의 천책(天冊) 원년 8월 1일이었다.

산림이 흰빛으로 변하고 계곡의 물은 7일 동안 흐르지 않았으며 도인과 속인이 슬프게 앙모하면서 우는 소리가 산골을 진동하였다. 수명은 67세이고 법랍은 40세였다.

乃以正法付法持禪師。遂歸茅山。數載將欲滅度。見有五百許人。髻髮後垂狀如菩薩。各持幡華云。請法師講。又感山神現大蟒身至庭前如將泣別。師謂侍者洪道曰。吾去矣。汝為吾報諸門人。及門人奔至。師已入滅。時唐天冊元年八月一日。山林變白谿澗絕流七日。道俗悲慕聲動山谷。壽六十有七。臘四十。

토끼뿔

“혜방을 지금 어떻게 만나려는고?” 하면 어떻게 하겠는가?

(대답하는 이 없자)

산은 높고
물은 낮다
참.

제4세 법지(法持) 선사

법지 선사[20]는 윤주의 강령(江寧) 사람으로 성은 장(張)씨였다. 어릴 때에 출가하여 30세가 되자 황매산(黃梅山)의 홍인(弘忍) 대사 회상에 가서 법을 듣다가 마음이 열렸다. 뒤에 다시 혜방 선사를 만나 인가를 받고서 그의 산문을 계승하여 우두의 종조가 되었다.

홍인대사〔黃梅〕가 세상을 하직할 때에 그의 제자인 현색에게 말하였다.

"이후에 내 법을 전할 사람이 열 명이 있는데 금릉의 법지도 그 중의 하나이다."

후에 법안을 지위 선사에게 전하고 당의 장안(長安) 2년 9월 5일에 금릉 연조사(延祚寺) 무상원(無常院)에서 임종하면서, 사체는 소나무 밑에 드러내놓아 새와 짐승들이 먹게 하라고 유언하였다.

第四世法持禪師者。潤州江寧人也。姓張氏。幼歲出家。年三十遊黃梅忍大師座下。聞法心開。後復遇方禪師為之印可。乃繼迹山門。作牛頭宗祖。及黃梅謝世。謂弟子玄賾曰。後傳吾法者可有十人。金陵法持是其一也。後以法眼付智威禪師。於唐長安二年九月五日。終於金陵延祚寺無常院。遺囑令露骸松下飼諸鳥獸。

---

20) 법지 선사(635 ~ 702).

해가 솟는 아침 공중에서 신기로운 번(幡)이 서쪽으로부터 와서 산을 몇 차례 돌았고, 그가 살던 옛집의 대숲이 7일 동안 흰빛으로 변하였다. 수명은 68세이고 법랍은 41세였다.

迎出日空中有神幡。從西而來繞山數匝。所居故院竹林變白七日而止。壽六十有八。臘四十一。

토끼뿔

법안을 지위에게 전했다 했는데 어떤 것이 법안인고?

후일 오늘의 이 일을 잘 전하는 이런 것일세.
험.

제5세 지위(智威) 선사

지위 선사[21]는 강령(江寧) 사람으로 성은 진(陳)씨였는데 영청산(迎青山)에서 머물렀다.

어렸을 때〔丱歲〕[22] 어느 날 홀연히 집을 나가서 어디로 갔는지 알 수가 없었다. 부모가 찾아서 만났을 때에는 이미 천보사(天寶寺)의 통 법사(統法師)에 의하여 출가한 뒤였다.

20살에 구족계를 받은 뒤에 법지 선사가 세상에 나오셨다는 말을 듣고 찾아가 뵈옵고 정법을 전해 받았다. 그로부터 강남의 학자들이 대사의 문하로 모여 왔는데 그 중에 혜충이라는 이가 법기로 지목되고 있었다.

대사는 그에게 게송으로 보여 주었다.

第五世智威禪師者。江寧人也。姓陳氏。住迎青山。始丱歲。忽一日家中失之。莫知所往。及父母尋訪。乃知已依天寶寺統法師出家矣。年二十受具。後聞法持禪師出世。乃往禮謁傳受正法焉。自爾江左學徒皆奔走門下。其中有慧忠者目為法器。師嘗有偈示曰。

---

21) 지위 선사(646 ~ 722).

22) 관세(丱歲) : 원문의 관세(丱歲)는 어린 나이를 뜻한다. 유년(幼年).

생각생각에 얽매이지 말라
생사의 강을 이루게 되리니
육도의 바다에 윤회하면서
끝없는 파도 벗어남을 보지 못하리라

혜충이 게송으로써 화답하였다.

생각은 환에서 유래한 것이고
성품에는 본래부터 시종이 없소
만일에 이러한 뜻을 안다면
끝없는 파도는 응당 스스로 멈추리다

莫繫念念
成生死河
輪迴六趣海
無見出長波
慧忠偈答曰

念想由來幻
性自無終始
若得此中意
長波當自止

대사가 또 게송으로 보여 주었다.

'나'라는 본래 성품은 비어 없건만
망령된 인연으로 해서 너와 나를 내었으니
어찌해야 망정을 쉬어버릴까
텅 빈 곳에 돌아가 앉아 누려라

혜충이 또 게송으로 화답하였다.

비어 없음 이것의 실체이니
너니 나니가 어찌 있으리
망정을 쉴 것마저 없으니
곧 물위에 뜬 반야선이니라

師又示偈曰
余本性虛無
緣妄生人我
如何息妄情
還歸空處坐

慧忠偈答曰
虛無是實體
人我何所存
妄情不須息
即汎般若船

대사는 그가 깨달았음을 알고 곧 산문을 물려준 뒤에 인연을 따라 교화하는 길을 떠났다.

당의 개원(開元) 17년 2월 18일에 연조사(延祚寺)에서 열반에 들려 할 때에 제자들에게 사체를 갖다가 숲속에 놓아 새 짐승들에게 보시하라고 하였다. 수명은 77세였다.

師知其了悟乃付以山門。遂隨緣化導。於唐開元十七年二月十八日。終於延祚寺。將示滅謂弟子云。將屍林中施諸鳥獸。壽七十有七。

 토끼뿔

'텅 빈 곳에 돌아가 앉아 누려라' 마오. 불은이 크고 중생의 신음 소리 가득하니….

이러-히 빈 곳간의 이 보배를
실어다 구류에게 베풀진저

해는 지려 서산에 걸쳐 있고
달은 솟아 동령에 저리 곱다

닭들은 대에 올라 좌정하며
황소는 외양간에 들어가네

제6세 혜충(慧忠) 선사

혜충 선사[23]는 윤주(潤州)의 상원(上元) 사람으로 성은 왕(王)씨였다. 나이 23살에 장엄사(莊嚴寺)에서 수행하다가 그 후에 지위 선사가 세상에 나오셨다는 말을 듣고 가서 뵈었다.

지위 선사가 잠깐 보더니 말하였다.

"사찰의 주인〔山主〕이 왔구나."

대사가 이 말에 미묘한 이치를 깨닫고 곁에서 모시다가 나중에는 그 곁을 하직하고 여러 곳으로 순례를 떠났다.

지위 선사가 구계원에서 능소화 넝쿨을 보았는데, 여름인데도 시들어서 사람들이 베어 버리려 하니 지위 선사가 말하였다.

"베지 말라. 혜충이 돌아올 때에 이 등나무가 다시 살아나리라."

대사가 돌아오자 과연 그 말과 같이 되니 지위 선사는 산문을 맡기고 연조사에 가서 살았다.

第六世慧忠禪師者。潤州上元人也。姓王氏。年二十三受業於莊嚴寺。其後聞威禪師出世乃往謁之。威纔見曰。山主來也。師感悟微旨。遂給侍左右。後辭詣諸方巡禮。威於具戒院見凌霄藤。遇夏委悴人欲伐之。因謂之曰。勿剪。慧忠還時此藤更生。及師迴果如其言。即以山門付囑訖。出居延祚寺。

---

23) 혜충 선사(683 ~ 769).

대사는 평생 옷 한 벌을 그대로 입었고, 그릇은 오직 솥 하나만을 사용하였다. 언젠가는 누가 대중에게 공양미 두 창고를 올렸는데 도적이 넘실거리니 호랑이를 시켜서 지키게 하였다.

장손이라는 현령이 산 정상까지 왔다가 대사를 뵙고 물었다.

"제자가 몇이나 됩니까?"

"셋이나 다섯이 있소."

"어떻게 해야 볼 수 있겠습니까?"

대사가 선상(禪床)을 두드리자 호랑이 세 마리가 으르렁거리면서 나오니 장손이 겁이 나서 달아났다.

뒤에 대중이 청해서 성안의 옛 장엄사(莊嚴寺)에 머물렀다. 대사는 그 동쪽 곁에 따로 법당 하나를 짓고자 하였는데 거기에 먼저 있던 고목 위에 까치가 집을 짓고 있었다. 목수들이 나무를 베려고 할 때에 대사가 까치들에게 말하였다.

"이 땅에 법당을 지으려 하는데 너희들은 왜 빨리 물러나지 않느냐?"

師平生一衲不易。器用唯一鐺。嘗有供僧穀兩廩。盜者窺伺。虎為守之。縣令張遜者。至山頂謁問師。有何徒弟。師曰。有三五人。遜曰。如何得見。師敲禪床。有三虎哮吼而出。遜驚怖而退。後眾請入城居莊嚴舊寺。師欲於殿東別創法堂。先有古木。群鵲巢其上。工人將伐之。師謂鵲曰。此地建堂汝等何不速去。

말을 마치자 까치들은 곧 다른 나무로 집을 옮겨 지었다. 처음 기초를 쌓을 때에 두 신인(神人)이 와서 네 귀퉁이를 정해주고 또 밤에 몰래 와 절 짓는 일을 도우니 일이 짧은 시일에 끝났다. 그리하여 사방의 학도가 구름같이 자리에 모여 들었는데, 법을 얻은 이만도 34명이었으며 제각기 각 지방에서 많은 대중을 교화하였다.

대사가 일찍이 안심게(安心偈)[24]를 지어서 대중에게 보였다.

사람과 법이 청정하여
선이니 악이니가 모두 없어
참 마음 진실함이
보리의 도량이다

言訖。群鵲乃遷巢他樹。初築基有二神人定其四角。復潛資夜役。遂不日而就。繇是四方學徒雲集座下矣。得法者有三十四人。各住一方轉化多眾。師嘗有安心偈。示眾曰。

人法雙淨
善惡兩忘
真心真實
菩提道場

24) 안심게(安心偈) : 마음을 확고하게 하여 동요치 않게 하는 게송.

당의 대력(大歷) 3년에 석실 앞에다 솥을 걸고 나무에다 옷을 거니 등나무는 여름인데도 말라죽었다.

대력 4년 6월 15일에 승려들을 모아서 포살(布薩)[25]을 마친 뒤에 시자에게 명하여 머리를 깎게 하고 몸을 씻게 하였는데, 그날 밤에 상서로운 구름이 그 절을 덮고 공중에서 또한 하늘 음악 소리가 들리더니 새벽이 되자 태연히 앉아서 열반에 들었다.

그때 갑자기 비바람이 사납게 치면서 숲의 나무를 흔들어 부러뜨리고, 또 흰 무지개가 바위 골짜기를 꿰뚫었다.

대력 5년 봄에 다비를 거행하니 셀 수 없이 많은 사리를 얻었다. 수명은 87세였다.

唐大歷三年。石室前掛鐺樹掛衣藤。忽盛夏枯死。四年六月十五日集僧布薩訖。命侍者淨髮浴身。至夜有瑞雲覆其精舍。空中復聞天樂之聲。詰旦怡然坐化。時風雨暴作震折林木。復有白虹貫於巖壑。五年春荼毘獲舍利不可勝計。壽八十七。

25) 포살(布薩) : 죄를 참회하는 의식. ① 15일과 29일(또는 30일)에 모여 승려가 서로 설계(說戒)하고 참회하는 의식. ② 재가(在家)에서 일정한 날에 팔재계(八齋戒)를 베풀고 선을 기르고 악을 없애는 일.

토끼뿔

대원에게도 안심게가 있으니, 곧

사람과 법이 청정하여
선악의 이름도 본래 없는
이 마음이 보리도량이네

앞의 법융(法融) 선사 밑의 3세에서 곁가지로 나온 법손

금릉(金陵) 종산(鍾山) 담최(曇璀) 선사

담최 선사[26]는 오군(吳郡) 사람으로 성은 고(顧)씨였다. 처음에 우두 법융을 뵈니 법융 선사가 보고 기특하게 여기어 일러주었다.

"색과 소리는 무생(無生)을 해치는 짐새〔鴆〕[27]의 독이요, 받아들임과 생각은 성인을 이루지 못하게 하는 함정이다. 그대는 알겠는가?"

前法融禪師下三世旁出法嗣 金陵鍾山曇璀禪師者。吳郡人也。姓顧氏。初謁牛頭融大師。大師目而奇之。乃告之曰。色聲為無生之鴆毒。受想是至人之坑穽。子知之乎。

---

26) 담최 선사(631 ~ 692).

27) 짐새〔鴆〕: 짐새는 중국 전설에 나오는 독조(毒鳥)이다. 생김새는 검은 몸에 붉은 눈을 지녔고 몸에는 자록색 깃털이 있는데 뱀 먹기를 좋아하며, 깃털에는 극독이 있어서 이것을 술에 넣으면 사람을 죽게 한다고 한다.

대사가 묵묵히 살피어 현묘한 요지를 크게 깨달았다.

얼마 지나지 않아 종산에 자취를 감추고 여러 해 동안 띠집에서 질그릇을 쓰며 일생을 마쳤다.

당의 천수(天授) 3년 2월 6일에 태연히 선정에 들어 7일 만에 열반에 들었다. 수명은 62세였다.

師默而審之大悟玄旨。尋晦迹鍾山多歷年所。茅庵瓦缶以終老焉。唐天授三年二月六日。恬然入定七日而滅。壽六十二。

 토끼뿔

어찌해야 독주를 태평주로 만들꼬?

산수유 주장자는 마루가에 서 있으며
처마끝 풍경소리 쉴 사이가 없구나

험.

앞의 지위(智威) 선사 밑의 3세에서 곁가지로 나온 법손

선주(宣州) 안국사(安國寺) 현정(玄挺) 선사

현정 선사는 어디 사람인지 알 수 없다. 하루는 장안에서 『화엄경』을 강의하던 승려가 5조(지위 선사)에게 와서 물었다.

"참 성품의 연기(緣起)[28]라는 그 뜻이 어떤 것입니까?"

5조가 잠자코 있자, 그때 대사가 모시고 서 있다가 말하였다.

前智威禪師下三世旁出法嗣 宣州安國寺玄挺禪師者。不知何許人也。嘗一日有長安講華嚴經僧來問五祖云。真性緣起其義云何。祖默然。時師侍立次乃謂曰。

28) 연기(緣起) : 사물이 연(緣)을 기다려 일어나는 것.

"대덕께서 한 생각 일으켜서 물을 때가 바로 참 성품의 연기입니다."

그 승려가 이 말끝에 크게 깨달았다.

또 어떤 이가 물었다.

"남쪽의 종파에서는 무엇을 세웁니까?"

대사가 대답하였다.

"마음의 종(宗)에는 남북이 없다."

大德正興一念問時。是真性中緣起。其僧言下大悟。又或問南宗自何而立。師曰。心宗非南北。

 토끼뿔

소위 화엄경을 강의하는 이가 이렇게 묻는 것은 마치 요술사가 요술을 하면서 곁에 있는 이에게 "요술이란 것이 무엇이냐?"라고 묻는 꼴일세.

만약 내게 어떤 이가 묻기를
"남쪽의 종파에서는 무엇을 세웁니까?" 하면 이르리라.

종달새 창공에서 노래하고
동구 앞 아낙들은 빨래한다
험.

윤주(潤州) 학림(鶴林) 현소(玄素) 선사

현소 선사[29]는 윤주(潤州)의 연릉(延陵) 사람으로 성은 마(馬)씨였다. 당의 여의(如意)년에 강령 장수사(長壽寺)에서 수행하다가 만년에 지위 선사를 만나 참된 종지를 깨달았다.

뒤에 경구(京口)의 학림사(鶴林寺)에 있었는데, 하루는 어떤 백정이 와서 뵙고 자기 집에 와서 공양 받기를 청하였다. 대사가 흔연히 가니 대중이 모두 의아해 하였다. 대사가 그들에게 말하였다.

"불성은 평등하여 어진 이와 어리석은 이가 같다. 다만 제도할 수 있는 이라면 나는 곧 제도하니 다시 어찌 차별이 있겠는가?"

어떤 승려가 물었다.

"어떤 것이 서쪽에서 온 뜻입니까?"

대사가 말하였다.

"알았다면 곧 안 것이 아니니, 의심하나 곧 의심할 것 없다."

潤州鶴林玄素禪師者。潤州延陵人也。姓馬氏。唐如意年中受業於江寧長壽寺。晩參智威禪師遂悟真宗。後居京口鶴林寺。甞一日有屠者禮謁。願就所居辦供。師欣然而往。衆皆訝之。師曰。佛性平等賢愚一致。但可度者吾即度之。復何差別之有。或有僧問。如何是西來意。師曰。會即不會。疑即不疑。

---

29) 현소 선사(668 ~ 752).

또 다시 말하였다.

"알려고도 말고 의심하지도 말라. 의심할 것도 없고 알 것도 없다."

어떤 승려가 와서 문을 두드리니 대사가 물었다.

"누구요?"

"승려입니다."

"승려 아니라 부처가 온다 해도 쓸모없다."

"부처가 와도 쓸모없다 함은 무슨 뜻입니까?"

"그대가 머무를 곳이 없다."

천보(天寶) 11년 11월 11일 밤중에 병 없이 열반에 드니 수명은 85세였다. 황학산(黃鶴山)에 탑을 세우니 대율선사(大律禪師)라는 시호를 받았고 탑호는 대화보항지탑(大和寶航之塔)이었다.

師又曰。不會不疑底。不疑不會底。又有僧扣門。師問。是什麼人。曰是僧。師曰。非但是僧。佛來亦不著。曰佛來為什麼不著。師曰。無汝止泊處。天寶十一年十一月十一日中夜。無疾而滅。壽八十五。建塔於黃鶴山。勅謚大律[30]禪師大和寶航之塔。

---

30) 律이 송, 원나라본에는 津로 되어 있다.

 토끼뿔

어떤 이가 묻기를
"어떤 것이 서쪽에서 온 뜻입니까?" 하면 이르리라.

그대가 물으니 대답한다.

어떤 이가 묻기를
"부처가 와도 쓸모없다 함은 무슨 뜻입니까?" 하면 이르리라.

악!

서주(舒州) 천주산(天柱山) 숭혜(崇慧) 선사

숭혜 선사[31]는 팽주(彭州) 사람으로 성은 진(陳)씨였다. 당의 건원(乾元) 초에 서주 천주산에 가서 절을 창건하니 영태(永泰) 원년에 천주사라는 호를 받았다.

어떤 승려가 물었다.

"어떤 것이 천주의 경지입니까?"

대사가 말하였다.

"주부산(主簿山)이 높으니 해를 보기 어렵고 옥경봉(玉鏡峯) 앞에서는 사람을 알아보기 쉽다."

"달마가 이 땅에 오기 전에도 불법이 있었습니까?"

"오기 전은 고사하고 지금은 어떤가?"

"저는 알지 못하니 대사께서 가르쳐 주십시오."

"만고에 끝없는 허공이 하루아침의 풍월(風月)이다."

舒州天柱山崇慧禪師者。彭州人也。姓陳氏。唐乾元初往舒州天柱山創寺。永泰元年勅賜號天柱寺。僧問。如何是天柱境。師曰。主薄山高難見日。玉鏡峯前易曉人。問達磨未來此土時。還有佛法也無。師曰。未來時且置。即今事作麼生。曰某甲不會乞師指示。師曰。萬古長空一朝風月。

---

31) 숭혜 선사(? ~ 779).

잠잠히 있다가 다시 말하였다.

"그대여, 알겠는가? 자기의 일은 어찌하고 달마가 왔는가, 안 왔는가를 간섭하는가? 그가 온 것은 마치 점쟁이 같아서, 그대가 알지 못하는 것을 보고 그대를 위해 괘를 뽑아 길흉을 나타낸다 하지만 그대의 분상에서 일체를 스스로 살펴봐라."

"누가 점을 풀 줄 아는 사람입니까?"

"그대가 문을 나서려 할 때 벌써 곧 틀린 것이다."

"어떤 것이 천주의 가풍입니까?"

"때로 백운(白雲)이 와서 문을 막을 뿐 더 이상 풍월이 사방 산천에 흐르는 일이 없다."

"죽은 승려가 어디로 갔습니까?"

"심악봉(灊嶽峯)은 높지만 항상 푸르고 서강(舒江)의 밝은 달의 광채가 빛난다."

良久又曰。闍黎會麼。自己分上作麼生。干他達磨來與未來作麼。他家來大似賣卜漢相似。見汝不會。為汝錐破卦文。纔生吉凶。在汝分上一切自看。僧問。如何是解卜底人。師曰。汝纔出門時便不中也。問如何是天柱家風。師曰。時有白雲來閉戶。更無風月四山流。問亡僧遷化向什麼處去也。師曰。灊嶽峯高長積翠。舒江明月色光暉。

"어떤 것이 대통지승불(大通智勝佛)[32)]입니까?"
"광대한 겁 동안 막힌 적이 없는데 대통지승불이 아니고 무엇이랴."
"어찌하여 불법이 나타나지 않았습니까?"[33)]
"다만 그대가 알지 못한 까닭에 앞에 나타나지 않는다 할 뿐이다. 만일 그대가 안다면 불도를 이룬다 할 것도 없다."
"어떤 것이 도입니까?"
"백운이 청산을 덮었고 벌과 새가 뜰의 꽃 위를 거닌다."
"이전의 모든 성인들은 어떤 말씀을 하셨습니까?"
"그대는 지금 내가 무슨 말을 하고 있다고 보는가?"
"종문(宗門)[34)]의 도리에 대해서 화상은 말씀해 주십시오."

問如何是大通智勝佛。師曰。曠大劫來未曾壅滯。不是大通智勝佛是什麼。曰為什麼佛法不現前。師曰。只為汝不會。所以成不現前。汝若會去。亦無佛道可成。問如何是道。師曰。白雲覆青嶂。蜂鳥步庭華。問從上諸聖有何言說。師曰。汝今見吾有何言說。問宗門中請師舉唱。

---

32) 대통지승불(大通智勝佛) : 한량없는 과거인 아승지겁 전의 호성(好城)이란 나라에 계셨던 부처님.
33) 법화경 화성 유품에 보면 대통지승불이 십겁을 도량에 앉아 있어도 불법이 나타나지 않았다고 한다.
34) 종문(宗門) : 조사(祖師)의 가문(家門).

"돌소〔石牛〕가 진공(眞空) 밖에서 길게 포효하고 나무말〔木馬〕이 울 때 달이 산 너머로 숨는다."

"어떤 것이 화상께서 사람을 이롭게 하시는 곳입니까?"

"한바탕의 비가 널리 적셔주니 일천 산의 색이 수려하다."

"어떤 것이 천주산 안의 사람입니까?"

"홀로 천 봉우리의 정상을 거닐기도 하고 아홉 굽이 시냇물에 노닐기도 한다."

"어떤 것이 서쪽에서 온 뜻입니까?"

"흰 원숭이가 새끼를 안고 푸른 봉우리에 오르고 벌과 나비는 초록빛 꽃술 속에서 꽃가루를 물어온다."

대사는 산에 살면서 도를 설한 지 22년 만인 대력(大歷) 14년 7월 22일에 열반에 들었다. 절 북쪽에 탑을 세웠는데 진신(眞身)이 아직도 존재한다.

師曰。石牛長吼真空外。木馬嘶時月隱山。問如何是和尚利人處。師曰。一雨普滋千山秀色。問如何是天柱山中人。師曰。獨步千峯頂。優游九曲泉。問如何是西來意。師曰。白猿抱子來青嶂。蜂蝶嗡華綠蘂間。師居山演道凡二十二載。大歷十四年七月二十二日歸寂。起塔于寺北。真身見在。

ꩰ 어떤 이가 묻기를
"어떤 것이 광대한 겁 동안 잠시도 막힘이 없는 경지입니까?" 하면 이르리라.

잘 봐라. (주장자를 올렸다가 내리치다.)

ꩰ 어떤 이가 묻기를
"어떤 것이 진공 밖의 도리입니까?" 하면 이르리라.

그대가 묻기 전에 보였는데 알겠느냐?

ꩰ 어떤 이가 묻기를
"어떤 것이 나무말이 우니 달이 산 너머로 숨는 도리입니까?" 하면 이르리라.

(조용히 있다가)
잘 들었소.

앞의 윤주(潤州) 학림사(鶴林寺) 현소(玄素) 선사의 법손

항주(杭州) 경산(徑山) 도흠(道欽) 선사

도흠 선사[35]는 소주(蘇州) 곤산(崑山)사람으로 성은 주(朱)씨였다. 처음에는 유교를 따랐는데 28세 때에 현소 선사를 만나니 현소 선사가 말하였다.

"그대를 보건대 정신과 기운이 온화하고 순수하니 참 법보(法寶)이다."

대사가 감동을 받고 깨달은 바가 있어서 바로 제자가 되기를 원하니 현소 선사가 몸소 머리를 깎아주고 이어 당부하는 말을 하였다.

前潤州鶴林寺玄素禪師法嗣 杭州徑山道欽禪師者。蘇州崑山人也。姓朱氏。初服膺儒教。年二十八玄素禪師遇之。因謂之曰。觀子神氣溫粹真法寶也。師感悟因求為弟子。素躬與落髮。乃誡之曰。

35) 도흠 선사(714 ~ 792).

"그대는 물을 따라 내려가다가 경(徑)이란 곳을 만나거든 멈춰라."

마침내 대사가 남을 향해 떠나 임안에 이르러서 동북쪽에 있는 한 산을 보고 나무꾼을 찾아가 물으니, 여기가 경산(徑山)이라고 대답하자 그곳에 주석(駐錫)[36]하였다.

어떤 승려가 물었다.

"어떤 것이 도입니까?"

대사가 대답하였다.

"산 위에 잉어가 있고 물속에 먼지가 있다."

마조(馬祖)가 사람을 시켜 편지를 보냈는데, 편지에는 동그라미 하나만을 그렸다. 대사는 편지를 개봉한 뒤에 원상 안에다 한 획을 긋고 다시 봉해서 돌려보냈다.[37]

汝乘流而行。逢徑則止。師遂南行抵臨安。見東北一山。因訪於樵子。曰此徑山也。乃駐錫焉。有僧問。如何是道。師云。山上有鯉魚。水底有蓬塵。馬祖令人送書到。書中作一圓相。師發緘於圓相中作一畫却封迴(忠國師聞乃云。欽師猶被馬師惑)。

---

36) 주석(駐錫) : 승려가 포교하기 위하여 체류하는 것.

37) 혜충 국사가 이 말을 듣고 "도흠은 아직도 마조의 속임수에 빠져있다" 하였다. (원주)

승려가 물었다.

"어떤 것이 조사께서 서쪽에서 오신 뜻입니까?"

대사가 대답하였다.

"그대의 물음이 마땅치 않다."

"어찌해야 마땅하겠습니까?"

"내가 열반에 든 뒤에 곧 너에게 말해줄 터이니 기다려라."

마조가 문인인 지장(智藏)을 보내서 물었다.

"하루 종일 무엇으로써 경지를 삼습니까?"

"그대가 돌아갈 때에 편지를 줄 것이니 기다려라."

지장이 말하였다.

"지금 돌아가겠습니다."

"'조계(曹溪)[38]에게나 물어봐라' 했다고 말을 전하라."

당의 대력 3년에 대종(代宗)이 조칙을 내려 궁궐 안으로 부르니 친히 예를 갖추어서 뵈었다.

僧問。如何是祖師西來意。師曰。汝問不當。曰如何得當。師曰。待吾滅後即向汝說。馬祖令門人智藏來問。十二時中以何為境。師曰。待汝迴去時有信。藏曰。如今便迴去。師曰。傳語却須問取曹溪。唐大歷三年。代宗詔至闕下親加瞻禮。

38) 조계(曹溪) : 6조 혜능의 별호. 혜능 대사가 주석하여 법을 편 조계산에서 유래하였다.

어느 날 대사가 대궐 안뜰에 있다가 황제를 보고 일어나니 황제가 말하였다.

"대사는 왜 일어나시오?"

대사가 대답하였다.

"단월(檀越)[39]께서는 어찌 4위의(四威儀)[40] 가운데서 빈도(貧道)를 보십니까?"

황제가 기뻐하며 혜충 국사에게 말하였다.

"도흠 대사에게 이름 하나를 하사하려 하오."

혜충 국사가 흔연히 조칙을 받아 이에 국일이라는 호를 하사하였다.

뒤에 하직하고 본산에 돌아와서 정원(貞元) 8년 12월에 병환에 걸린 모습을 보이고 설법한 후 열반하니, 수명은 79세이고, 시호는 대각 선사(大覺禪師)였다.

一日師在內庭見帝起立。帝曰。師何以起。師曰。檀越何得向四威儀中見貧道。帝悅。謂忠國師曰。欲錫欽師一名。忠欣然奉詔。乃賜號國一焉。後辭歸本山。於貞元八年十二月示疾說法而逝。壽七十有九。勅謚曰大覺禪師。

---

39) 단월(檀越) : 사찰이나 승려에게 보시를 행하는 사람. 시주(施主).

40) 4위의(四威儀) : 일상생활에 있어서 온갖 동작하는 몸짓의 4종. 행(行), 주(住), 좌(坐), 와(臥).

토끼뿔

어떤 이가 묻기를
"산 위에 잉어가 있고 물속에서 먼지가 있는 경지를 일러주십시오." 하면 이르리라.

하. 하. 당달봉사구려.

앞의 항주(杭州) 경산(徑山) 도흠(道欽) 선사의 법손

항주(杭州) 조과(鳥窠) 도림(道林) 선사

도림 선사[41]는 항주 부양(富陽) 사람으로 성은 반(潘)씨였다. 어머니 주(朱)씨가 해가 입으로 들어오는 꿈을 꾸고 태기가 있었는데 탄생할 때에는 기이한 향기가 방에 가득하였으므로 향광(香光)이라고 이름하였다.

9세에 출가하여 21세에는 형주(荊州)의 과원사(果願寺)에서 구족계를 받았고 나중에 장안 서명사(西明寺)에 있는 복례 법사(復禮法師)에게 가서 『화엄경』과 『기신론』을 배웠다.

前杭州徑山道欽禪師法嗣 杭州鳥窠道林禪師。本郡富陽人也。姓潘氏。母朱氏夢日光入口。因而有娠。及誕異香滿室。遂名香光焉。九歲出家。二十一於荊州果願寺受戒。後詣長安西明寺復禮法師。學華嚴經起信論。

---

41) 도림 선사(741 ~ 824).

복례 법사가 진망송(眞妄頌)[42]을 보이면서 선(禪)을 닦으라 하니 대사가 물었다.

"처음에 어떻게 관하며 어떻게 마음을 쓰리까?"

복례 법사가 오래도록 말이 없으므로 대사는 세 번 절하고 물러갔다.

때마침 당의 대종이 경산 국일 선사를 대궐로 초청했는데 대사가 가서 뵙고 정법을 전해받았다. 그리고는 남쪽으로 돌아왔는데 이보다 앞서 고산(孤山)의 영복사(永福寺)에는 벽지불(辟支佛)[43]의 탑이 있어서 승려와 속인들이 모여 법회를 하고 있었다.

대사가 석장을 흔들면서 들어가니 영은사(靈隱寺)의 도광 법사(韜光法師)라는 이가 물었다.

"여기는 법회를 하는 곳인데 어찌하여 소리를 내는가?"

대사가 대답하였다.

"소리가 없으면 누가 이 법회를 알겠는가?"

復禮示以真妄頌俾修禪那。師問曰。初云何觀。云何用心。復禮久而無言。師三禮而退。屬唐代宗詔徑山國一禪師至闕。師乃謁之遂得正法。及南歸先是孤山永福寺有辟支佛塔。時道俗共為法會。師振錫而入。有靈隱寺韜光法師。問曰。此之法會何以作聲。師曰。無聲誰知是會。

---

42) 진망송(眞妄頌) : 인연으로 생긴 것은 망령된 것이요, 진여만이 참된 것이라고 송한 것이다.

43) 벽지불(辟支佛) : 스승 없이 홀로 수행하여 깨달은 이. 독각(獨覺). 연각(緣覺).

후에 진망산에 큰 소나무가 있는 것을 보았는데, 가지와 잎이 무성하고 그 모양이 굽어 마치 일산처럼 되어 있어서 마침내 그 위에 자리를 잡고 살았다. 그래서 당시 사람들은 그를 조과(鳥窠) 선사라고 하였다. 또 까치가 그 곁에 둥지를 지으니 자연히 길들여져 친해졌으므로 작소 화상(鵲巢和尙)이라고도 하였다.

회통(會通)이라는 시자가 있었는데 홀연히 하루는 떠나려고 하직을 하니 대사가 물었다.

"지금 어디로 가려 하는가?"

회통이 대답하였다.

"저는 법을 알기 위해 출가하였는데 화상께서 자비를 베풀어 가르쳐 주시지 않으므로 이제 여러 곳으로 다니면서 불법을 배우고자 합니다."

"만약 불법이라면 나에게도 조금 있다."

"어떤 것이 화상의 불법입니까?"

後見秦望山。有長松枝葉繁茂盤屈如蓋。遂棲止其上。故時人謂之鳥窠禪師。復有鵲巢於其側自然馴狎。人亦目為鵲巢和尚。有侍者會通。忽一日欲辭去。師問曰。汝今何往。對曰。會通為法出家。以和尚不垂慈誨。今往諸方學佛法去。師曰。若是佛法。吾此間亦有少許。曰如何是和尚佛法。

대사가 몸에서 실오라기 하나를 뽑아서 불어 날리니, 회통이 현묘한 이치를 깨달았다.

원화(元和) 때에 백거이(白居易)가 이 고을의 군수로 와서 이 산에 들렀던 길에 대사를 뵙고 물었다.

"선사께서 계신 곳이 몹시 위태합니다."

대사가 대답하였다.

"태수의 위험은 더욱 심하오."

"제자는 직위가 이 강산을 다스리는 것인데 무슨 위험이 있겠습니까?"

"장작과 불이 서로 사귀는 것같이 의식의 성품이 잠시도 멈추지 않으니 어찌 위험하지 않겠는가?"

백거이가 또 물었다.

"어떤 것이 불법의 대의입니까?"

"모든 악을 짓지 말고 뭇 선행을 받들어 행하라."

師於身上拈起布毛吹之。會通遂領悟玄旨。元和中白居易出守玆郡。因入山禮謁。乃問師曰。禪師住處甚危險。師曰。太守危險尤甚。曰弟子位鎭江山。何險之有。師曰。薪火相交識性不停。得非險乎。又問。如何是佛法大意。師曰。諸惡莫作衆善奉行。

백거이가 말하였다.
"세 살짜리 아기도 그런 것은 알겠습니다."
"세 살짜리 아기도 말은 할 수 있으나 팔십 노인도 행하기는 어렵다."
백거이가 드디어 절을 하였다.

대사가 장경(長慶) 4년 2월 10일에 시자에게 말하였다.
"나는 이제 과보가 다했다."
말을 마치고는 앉은 채로 열반에 드니, 수명은 84세이고 법랍은 63세였다.

白曰。三歲孩兒也解恁麼道。師曰。三歲孩兒雖道得。八十老人行不得。白遂作禮。師於長慶四年二月十日。告侍者曰。吾今報盡言訖坐亡。壽八十有四。臘六十三(有云師名圓修者。恐是謚號)[44]。

44) 어떤 이가 말하기를 "대사의 이름이 원수이다"라고 하였는데 시호가 아닌가 한다.

토끼뿔

어떤 이가 묻기를

"실을 하나 뽑아서 불어 날린 도리가 무엇입니까?" 하면 이르리라.

눈발같이 날리는 벚꽃이 누설한다.

앞의 항주(杭州) 조과(鳥窠) 도림(道林) 선사의 법손

항주(杭州) 초현사(招賢寺) 회통(會通) 선사

회통 선사는 항주(杭州) 사람으로 성은 오(吳)씨이고 본래의 이름은 원경(元卿)이었다. 얼굴이 단정하면서도 준엄하고 어릴 때부터 총명하였다.

당의 덕종 때에 육궁사(六宮使)[45]가 되니 왕족들이 모두 좋아하였다. 봄이 되어 소양궁 뜰에서 꽃들이 만발한 것을 한참 구경하는데 홀연히 공중에서 이런 소리가 들렸다.

前杭州鳥窠道林禪師法嗣 杭州招賢寺會通禪師本郡人也。姓吳氏。本名元卿。形相端嚴幼而聰敏。唐德宗時為六宮使。王族咸美之。春時見昭陽宮華卉敷榮。翫而久之。倏聞空中有聲曰。

---

45) 육궁사(六宮使) : 관직명.

"허망한 형상이 피었다 떨어지기를 멈추지 않으면서 선근(善根)을 파괴하거늘 그대는 어찌 그것을 즐기는가?"

대사가 어릴 적 숭고하고 선했던 자신을 생각해보니 지금의 행동이 지극히 싫어졌다.

하루는 황제가 궁전에서 노닐다가 대사에게 물었다.

"경(卿)은 왜 즐거워하지 않는가?"

대사가 대답하였다.

"신(臣)은 어릴 때부터 누린 것을 먹지 않으면서 승려가 되기를 소원하였습니다."

"짐(朕)은 경을 형제와 같이 여기니 남보다 뛰어난 부귀를 누리고자 한다면 경의 뜻을 따라 줄 것이지만 출가만은 안 되오."

어느덧 열흘이 지나 황제는 그의 얼굴이 초췌함을 보고 왕빈(王賓)을 불러 관상을 보게 하니 왕빈이 아뢰었다.

"이 사람은 삼보를 계승하여 드날릴 것입니다."

황제가 대사에게 말하였다.

虛幻之相開謝不停能壞善根。仁者安可嗜之。師省念稚齒崇善極生厭患。帝一日遊宮問曰。卿何不樂。對曰。臣幼不食葷羶志願從釋。曰朕視卿若昆仲。但富貴欲出于人表者不違卿。唯出家不可。既浹旬帝覩其容顇。詔王賓相之。奏曰。此人當紹隆三寶。帝謂師曰。

"경의 소원대로 하겠으니 마음대로 날을 받아서 곧 알려주오."

대사가 황제의 은덕에 감사를 드렸다. 이때 고향에서 어머니가 병환이 났다는 소식이 들려와서 집으로 돌아가기를 청원하였다. 황제는 하사품을 후하게 주고 관리〔有司〕에게 분부해서 전송을 돕게 하여〔津遣〕 대사가 집에 이르렀다.

얼마 지나지 않아 도광 법사의 권고로 조과 선사를 만나 그의 신도가 되어 암자와 절을 지어 주었는데 절이 완공되는 날 이렇게 말하였다.

"제자는 7세 때부터 채식을 하고 11세에 5계를 받고 지금 22세에 출가하기 위해 관직을 그만 두었으니 원컨대 화상께서는 승려를 만들어 주십시오."

조과 선사가 말하였다.

"요새 승려가 되는 사람은 정성껏 고행하는 이가 드물어서 그 행리가 대체로 걸맞지 않다."

대사가 말하였다.

如卿願任選日遠近奏來。師荷德致謝。尋得鄉信言母患乞歸寧省。帝厚其所賜。勅有司津遣師至家。未幾會韜光法師勉之謁鳥窠為檀越。與結庵創寺寺成。啟曰。弟子七歲蔬食。十一受五戒。今年二十有二為出家故休官。願和尚授與僧相。曰今時為僧鮮有精苦者行多浮濫。師曰。

"본래의 맑음은 탁마해서 이루는 것이 아니요, 원래 밝음은 비침을 따르지도 않습니다."

"만일 그대가 청정한 지혜가 묘하게 원만하고 본체가 스스로 본래 공적한 것임을 안다면 그것이 곧 참된 출가이니 어찌 겉모양을 가장하겠는가? 그대는 응당 집에 있는 보살이 되어 계율과 보시를 갖춰 닦아 사영운(謝靈運)[46]의 무리같이 되어라."

"비록 이치는 그러하나 아직 제가 실행함에 있어서는 그렇지 못합니다. 자비를 드리워서 거두어 주시면 맹세코 스승의 가르침을 따르겠습니다."

이와 같이 세 번 청했으나 모두 허락지 않았다. 이때에 도광 법사도 간곡하게 조과 선사에게 말하였다.

"궁사(宮使)[47]가 장가를 들지도 않고 시녀도 두지 않는데 선사께서 거두어 주시지 않으면 누가 제도하겠습니까?"

本淨非琢磨。元明不隨照。曰汝若了淨智妙圓體自空寂。即真出家何假外相。汝當為在家菩薩戒施俱修如謝靈運之儔也。師曰。然理雖如此於事何益。儻垂攝受則誓遵師教。如是三請皆不諾。時韜光堅白鳥窠曰。宮使未嘗娶。亦不畜侍女。禪師若不拯接。誰其度之。

46) 사영운(謝靈運) : 중국 남북조시대의 산수(山水)시인으로 불경을 깊이 연구하여 『대반열반경』을 번역하기도 하였다.

47) 궁사(宮使) : 당나라 시대에 궁내에 두었던 관직명. 여기서는 회통 선사를 가리킨다.

이에 조과 선사는 곧 머리를 깎아주고 구족계를 주었다. 대사는 항상 묘재(卯齋)[48]를 지키고 주야로 정진하였으며 대승경전을 읽고 안반삼매(安般三昧)[49]를 익히라는 지시를 받았다.

얼마 지나지 않아 대사가 조과 선사를 고사(固辭)하고 행각을 가려는데〔遊方〕[50] 조과 선사가 실오라기를 불어 보이자 현묘한 이치를 깨달으니 포모시자(布毛侍者)라 불리었다.[51]

조과 선사가 열반에 든 지 20년 만에 무종이 그 절을 폐하는 법난(法難)을 만났는데 대사가 대중과 함께 신령한 탑에 하직 인사를 하고 떠나니, 그의 남은 생애는 알 수 없다.

鳥窠即與披剃具戒。師常卯齋晝夜精進。誦大乘經而習安般三昧。尋固辭遊方。鳥窠以布毛示之悟旨。時謂布毛侍者(鳥窠章敍訖)暨鳥窠歸寂垂二十載。武宗廢其寺。師與眾僧禮辭靈塔而邁。莫知其終。

---

48) 묘재(卯齋) : 새벽 5시~7시경에 몸과 마음을 가다듬는 것이다.(불교 승단의 식사 규율. 비구들은 오전 중에 한 번만 걸식하고 오후에는 단식하게 되어 있다. 이것을 불비시식(不非時食, 때 아닌 때 먹지 않는다는 뜻)이라고 한다. 묘(卯)는 12지(支)의 하나로서 오전 다섯시에서 일곱시 사이를 말한다. 재(齋)는 청정하다는 뜻이다. 묘재는 오전 다섯시에서 일곱시 사이에 한번 먹는데, 육류(肉類)나 기름진 음식을 피하고 담박한 음식을 먹는다.)

49) 안반삼매(安般三昧) : 내쉬고 들이쉬는 숨을 헤아려 산란한 마음을 한 곳에 모아 움직이지 않게 함으로써, 마음을 바르게 하여 망념에서 벗어나는 것이다.

50) 유방(遊方) : 원문의 유방(遊方)은 승려나 도사(도교 수행자)가 수행이나 도를 묻기 위해 인연에 따라 사방으로 다니는 것을 말한다.

51) 조과 선사 장에 언급되어 있다. (원주)

 토끼뿔

어떤 이가 묻기를
"현묘한 이치가 어떠한 것입니까?" 하면 이르리라.

구름에서 나온 달이니라.

앞의 혜충(慧忠) 선사 밑의 2대〔兩世〕에서 곁가지로 나온 법손

천태산(天台山) 불굴암(佛窟岩) 유칙(惟則) 선사

유칙 선사는 경조(京兆) 사람으로 성은 장손(長孫)이다. 처음에 우두 충 선사(忠禪師)를 만나서 현묘한 이치를 크게 깨닫고 뒤에 천태폭포의 서쪽 바위 밑에 은거하였다.

당의 원화(元和) 때에 법석(法席)이 점차 번창하였는데 이때부터 이 바위를 불굴(佛窟)이라 하였다.

하루는 대중에게 이런 법문을 하였다.

前慧忠禪師兩世旁出法嗣 天台山佛窟巖惟則禪師者。京兆人也。姓長孫氏。初謁牛頭忠禪師大悟玄旨。後隱於天台瀑布之西巖。唐元和中法席漸盛。始自目其巖為佛窟焉。一日示眾云。

"하늘땅이라는 것도 없는 물건이요, 나라는 것도 없는 물건이나 물건이 없었던 적도 없다. 곧 성인이라 할지라도 그림자 같고 백년이라 해도 꿈 같으니 누가 나고 죽으리오. 지극한 사람이 이것으로써 홀로 빛나면 만물의 주인이 되리니 나는 그것을 안다. 그대들도 아는가?"

어떤 승려가 물었다.
"어떤 것이 나라연(那羅延)[52]의 화살입니까?"
대사가 대답하였다.
"적중했다."

하루는 홀연히 문인들에게 말하였다.
"그대들은 스스로 노력하라. 내가 무슨 말을 하겠는가?"
그 뒤로 이튿날 밤에 단정히 앉아서 열반에 드니, 수명은 80세이고 법랍은 58세였다.

天地無物也。我無物也。然未嘗無物。斯則聖人如影百年如夢。孰為生死哉。至人以是獨照。能為萬物之主。吾知之矣。汝等知之乎。有僧問。如何是那羅延箭。師云。中的也。忽一日告門人曰。汝當自勉。吾何言哉。後二日夜安坐示滅。壽八十。臘五十有八。

---

52) 나라연(那羅延) : 금강역사(金剛力士). 천상의 역사. 코끼리의 백만 배나 되는 힘을 지니고 있다고 한다.

토끼뿔

만약 어떤 이가 묻기를
"과녁에 맞아서는 어찌합니까?" 하면 이르리라.

과원에서 일도 하고, 무릉도원에서 노래도 한다.
(크게 웃다.)

또 묻기를
"과원에서 일도 하고, 무릉도원에서 노래도 한 경지가 어떤 것입니까?" 하면 이르리라.

돌사자가 구름 위를 달리고 불마가 바닷속을 나른다.

앞의 천태산(天台山) 불굴암(佛窟巖) 유칙(惟則) 선사의 법손

천태산(天台山) 운거(雲居) 지(智) 선사

지 선사에게 일찍이 화엄원(華嚴院)의 승려인 계종이 물었다.

"성품을 보면 부처를 이룬다는 이치가 어떤 것입니까?"

대사가 말하였다.

"청정한 성품은 본래부터 가없이 이러-해서 동요가 없다. 있고 없음, 깨끗함과 더러움, 길고 짧음, 취하고 버림에 속하지 않으니 본체가 스스로 자유자재하다〔翛然〕[53].

前天台山佛窟巖惟則和尚法嗣 天台山雲居智禪師。嘗有華嚴院僧繼宗。問見性成佛其義云何。師曰。清淨之性本來湛然無有動搖。不屬有無淨穢長短取捨體自翛然。

53) 소연(翛然) : 원문의 소연(翛然)은 구속이 없는 모습, 초탈한 모습이라는 뜻인데, 여기는 자유자재하다라는 뜻으로 쓰였다.

이와 같이 분명히 본 것을 이름하여 성품을 보았다 하는 것이니 성품이 곧 부처요, 부처가 곧 성품이므로 성품을 보면 부처를 이루었다고 하느니라."

계종이 물었다.

"성품이 청정하여 있고 없음에 속하지 않는다면 무엇을 인하여 보는 일이 있습니까?"

대사가 대답하였다.

"본다지만 곳이 없는 봄이니라."

"곳이 없는 봄이라면 무엇을 인하여 다시 봄이 있는 것입니까?"

"곳이라 할 것 역시 없는 봄이니라."

"이와 같이 보는 것이라면 이때에 누가 보는 것입니까?"

"보는 자라는 것도 있을 수 없느니라."

"구경의 그 이치가 어떠합니까?"

"그대가 알지 않는가? 망령되게 계교하여 있다 하면 곧 능(能)과 소(所)가 있게 되어 미혹하느니라.

如是明見乃名見性。性即佛佛即性。故云見性成佛。曰性既清淨不屬有無。因何有見。師曰。見無所見。曰無所見因何更有見。師曰。見處亦無。曰如是見時是誰之見。師曰。無有能見者。曰究竟其理如何。師曰。汝知否。妄計為有即有。能所乃得名迷。

소견을 따라 견해를 내면 생사에 떨어지나, 밝게 보는 이는 그렇지 않아서 종일 보아도 본 것이 없고, 곳을 보려고 해도 본체 형상을 얻을 수 없다. 능이니 소니가 모두 끊어졌으므로 성품을 보았다고 하느니라."

"이 성품이 온갖 곳에 두루 합니까?"

대사가 말하였다.

"두루 하지 않은 곳이 없느니라."

"범부에게도 갖추어져 있습니까?"

"위에서 말하기를 두루 하지 않은 곳이 없다 하였거늘 어찌 범부인들 갖추지 않았겠는가?"

"어찌하여 모든 부처님과 보살들은 생사에 구속되지 않고 범부들만 이 고통에 얽매입니까? 그러니 어찌 두루 하다 하겠습니까?"

"범부들은 청정한 성품 가운데서 능과 소가 있다고 계교하므로 생사에 떨어지지만, 모든 부처님과 보살들은 청정한 성품이 있고 없음에 속하지 않는 것을 잘 알아서 능과 소를 세우지 않느니라."

隨見生解便墮生死。明見之人即不然。終日見未嘗見。求見處體相不可得。能所俱絕。名為見性。曰此性遍一切處否。師曰。無處不遍。曰凡夫具否。師曰。上言無處不遍。豈凡夫而不具乎。曰因何諸佛菩薩不被生死所拘。而凡夫獨縈此苦。何曾得遍。師曰。凡夫於清淨性中。計有能所即墮生死。諸佛大士善知清淨性中不屬有無。即能所不立。

"그렇다면 깨친 이와 깨치지 못한 사람이 있겠습니다."

"깨달음이라는 것도 얻을 수 없거늘 어찌 깨달은 사람이 있을 수 있겠는가?"

"지극한 이치는 어떠합니까?"

"내가 요점을 말할 터이니 그대는 반드시 기억해두라. 청정한 성품에는 범부와 성인도 없고, 또한 깨달은 이와 깨닫지 못한 사람도 없다. 범부와 성인, 두 가지는 모두가 이름인데 만약 이름을 따라 알음알이를 내면 곧 생사에 빠지고, 만약 거짓 이름이어서 실다운 것이 아닌 줄 알면 곧 이름이라 할 것도 없느니라."

또 말하였다.

"이는 최고의 구경지이니 만일 나는 능히 깨달았고 너는 깨닫지 못했다고 한다면 곧 이것이 큰 병이요, 깨끗함과 더러움, 범부와 성인이 있다고 보면 이것도 큰 병이며, 범부와 성인이 모두 없다는 알음알이를 지으면 그것은 또한 인과를 무시하는 것에 속한다.

曰若如是說。即有了不了人。師曰。了尚不可得。豈有能了人乎。曰至理如何。師曰。我以要言之。汝即應念。清淨性中無有凡聖。亦無了人不了人。凡之與聖二俱是名。若隨名生解即墮生死。若知假名不實。即無有當名者。又曰。此是極究竟處。若云我能了彼不能了即是大病。見有淨穢凡聖亦是大病。作無凡聖解又屬撥無因果。

청정한 성품에 의지한다 해도 큰 병이요, 의지하지 않는다 하여도 큰 병이다. 그러나 청정한 성품은 동요함이 없이 무너지지 않는 방편을 갖추어 응용하고 자비를 일으키느니라.

이와 같이 일으키는 곳이어야 곧 청정한 성품에서 내는 것이며 가히 성품을 보아 부처를 이뤘다 할 것이니라."

계종이 뛸 듯이 기뻐하면서 예를 올리고 물러갔다.

見有清淨性可棲止亦大病。作不棲止解亦大病。然清淨性中雖無動搖。具不壞方便應用。及興慈運悲。 如是興運之處。即生[54]清淨之性。可謂見性成佛矣。繼宗踊躍禮謝而退。

54) 生이 송, 원나라본에는 全으로 되어 있다.

토끼뿔

만약 어떤 이가 묻기를
"이와 같이 보는 것이라면 이때에 누가 보는 것입니까?"하면 이르리라.

뜰 앞에 벚나무니라.

또 묻기를 "구경의 그 이치가 어떠합니까?"하면 이르리라.

이렇느니라.
험.

제32조(祖) 홍인(弘忍) 대사에게서 곁가지로 나온 법손(法孫)

제32조 홍인(弘忍) 대사의 제1세 곁가지 법손

북종(北宗) 신수(神秀) 선사

신수 선사[55)56)]는 개봉(開封) 위씨현(尉氏縣) 사람으로 성은 이(李)씨였다. 어릴 때에 유교를 가까이 하여 아는 것이 많았는데 얼마 지나지 않아 애착을 버리고 출가하여 스승을 찾아 도를 물었다.

第三十二祖忍大師。第一世旁出法嗣 北宗神秀禪師者(耶舍三藏誌云。艮地生玄旨。通尊媚亦尊。比肩三九族。足下一毛分)。開封尉氏人也。姓李氏。少親儒業博綜多聞。俄捨愛出家尋師訪道。

55) 신수 선사(? ~ 706).

56) 『야사삼장지』에 이르기를 간지(艮地)에서 현묘한 요지가 나니 통존미〔通尊媚, '통존'이란 신수 선사의 시호인 대통 선사를 가리키고, '미'는 신수의 '수'를 가리킨다.〕가 존귀해져서, 삼구족〔삼공구경(三公九卿)을 가리킨다. 삼공은 승상, 태위, 어사대부이며, 구경은 삼공의 아래 주요 관직 아홉을 말한다.〕과 비견되며, 발밑에서 한 털로 갈라진다.' 하였다. (원주)

기주 쌍봉(雙峯)에 있는 동산사(東山寺)에 가서 5조 홍인 대사를 만나 좌선에 힘쓰다가 이윽고 탄복하며 말하였다

"이 분은 참으로 나의 스승이다."

그리고는 고행하기를 마음속으로 서원한 후 스스로 나무하기와 물 긷기를 하면서 도를 구하였다.

홍인이 묵묵히 그것을 알고 더욱 소중히 여기면서 말하였다.

"내가 제도한 사람이 많으나 깨달아 앎에 있어서 너에게 미칠 사람이 없다."

홍인이 열반에 든 뒤에 신수가 강릉의 당양산(當陽山)에 머물렀는데 당의 측천무후가 듣고 서울로 불러서 궁내의 도량에서 공양하며 더욱 공경스럽게 예를 베풀었다.

그리고는 옛산에 도문사(度門寺)를 설치하도록 명령하여 그의 공덕을 기리었다.

至蘄州雙峯東山寺。遇五祖忍師以坐禪為務。乃歎伏曰。此真吾師也。誓心苦節以樵汲自役而求其道。忍默識之深加器重。謂之曰。吾度人多矣。至於悟解無及汝者。忍既示滅。秀遂住江陵當陽山。唐武后聞之召至都下。於內道場供養。特加欽禮。命於舊山置度門寺以旌其德。

이때에 왕공사서(王公士庶)가 모두 그가 있는 곳을 향하여 배례하였고, 중종(中宗)이 즉위하자 더욱 정중히 여겼다.

대신 장열(張說)이 제자의 예로써 법요를 물으니, 대사가 게송으로 대답하였다.

일체 불법은
자신의 마음에 본래 있는 것이거늘
마음 밖에서 구하면
아버지를 버리고 도주하는 것이랄까…

신룡(神龍) 2년에 동도(東都)의 천궁사(天宮寺)에서 열반에 드니, 대통 선사(大通禪師)라 시호를 내리고 의식을 갖추어 용문(龍門)에 빈소를 차리게 하였다.

時王公士庶皆望塵拜伏。暨中宗即位尤加禮重。大臣張說嘗問法要執弟子之禮。師有偈示衆曰。

一切佛法
自心本有
將心外求
捨父逃走

神龍二年於東都天宮寺入滅。賜諡大通禪師。羽儀法物。送殯於龍門。

황제가 다리까지 전송하였고 왕공사서는 장지까지 참석하였으며 장열과 징사(徵士)인 노홍일이 제각기 비석 위에 사적과 조문을 새겼다〔碑誄〕[57]. 제자인 보적과 의복 등은 조정과 민간 모두의 존경을 받았다.

帝送至橋。王公士庶皆至葬所。張說及徵士盧鴻一各為碑誄。門人普寂義福等。並為朝野所重。

57) 비뢰(碑誄) : 원문의 비뢰(碑誄)란 비석 위에 죽은 자의 생전의 사적(事跡)을 서술하고 아울러 애도의 글을 표시하는 것이다.

토끼뿔

도망갈 곳이라도 있던가
영겁 동안 찾아도 없단 것을
개울물이 소리쳐 누설하네

보리수도 명경대도 대 없어서
같고 다름 그 이름도 서지 못함
보름의 둥근 달도 실토하네

숭악(嵩嶽) 혜안(慧安) 국사

혜안 국사[58][59]는 형주(荊州)의 지강(枝江) 사람으로 성은 위(衛)씨이다.

수(隋) 문제(文帝)의 개황 17년에 천하에 흩어져 있는 사도승니(私度僧尼)[60]를 총괄하여 심사하게 하였는데 대사가 스스로 자격이 없다고 하며 산골에 은둔하였다.

대업(大業) 때에 장정을 많이 뽑아 운하를 개통할 때 굶주려 죽은 시체가 즐비하게 되니 대사가 음식을 빌어 그들을 구제하였다. 이때 구제받은 이가 매우 많았다.

嵩嶽慧安國師(耶舍三藏誌云。九女出人倫。八女絕婚姻。朽床添六脚。心祖眾中尊)。荊州枝江人也。姓衛氏。隋文帝開皇十七年。括天下私度僧尼勘師云。本無名。遂遁於山谷。大業中大發丁夫開通濟渠。饑殍相枕。師乞食以救之。獲濟者甚眾。

---

58) 혜안 국사(582 ~ 709).

59) 『야사삼장지』에 이르기를 '아홉 여인은 부모를 버리고 떠났고 여덟 여인은 혼인을 포기하고서 썩은 상(床)에 여섯 다리를 붙여가면서, 마음으로 대중 가운데 으뜸이신 혜안 스님에게 귀의 하였다'라고 하였다. (원주)

60) 사도승니(私度僧尼) : 승려 신분증이 없이 제멋대로 된 중.

양제(煬帝)가 대사를 불러도 나가지 않고 태화산(太和山)에 들어가 숨었는데, 황제가 강도(江都)에 행차함으로써 나라가 어지러워지자 주장자를 떨치고 떠나 형악사(衡嶽寺)로 가서 두타행을 하였다.

당의 정관(貞觀) 때에 황매(黃梅)에 가서 홍인 대사를 뵙고 심요(心要)를 얻었다. 인덕(麟德) 원년에 종남산(終南山) 석벽을 지나다가 거기에 눌러 살았다.

고종(高宗)이 또 대사를 불렀지만 가지 않고 이름난 곳을 두루 다니다가 숭산(嵩山)의 소림(少林)에 이르러서 "이곳이 내가 마칠 곳이다."라고 하였다.

그로부터 참선하는 이가 많이 모여들었는데, 탄연(坦然)과 회양(懷讓) 두 사람이 와서 참배를 하고 물었다.

"어떤 것이 조사가 서쪽에서 오신 뜻입니까?"

대사가 대답하였다.

煬帝徵師不赴。潛入太和山。暨帝幸江都海內擾攘。乃杖錫登衡嶽寺行頭陀行。唐貞觀中至黃梅。謁忍祖遂得心要。麟德元年遊終南山石壁因止焉。

高宗嘗召師不奉詔。遍歷名迹至嵩少云。是吾終焉之地也。自爾禪者輻湊。有坦然懷讓二人來參。問曰。如何是祖師西來意。師曰。

"어찌하여 자기의 뜻은 묻지 않는가?"

"어떤 것이 자기의 뜻입니까?"

"비밀한 작용을 관하라."

"어떤 것이 비밀한 작용입니까?"

대사가 눈을 떴다 감았다 하여 보이니, 탄연이 그 말끝에 깨달아 다시는 딴 곳으로 가지 않았으나 회양은 인연이 맞지 않아서 하직하고 조계(曹溪)로 갔다.

측천무후가 도성 밑〔輦下〕으로 불러들여 스승의 예로써 대우하고 신수(神秀) 선사와 똑같이 귀하게 모셨다. 무후가 일찍이 대사의 나이를 물으니 대사가 대답하였다.

"기억하지 못합니다."

무후가 다시 물었다.

"어찌하여 기억하지 못하시오?"

대사가 대답하였다.

何不問自己意。曰如何是自己意。師曰。當觀密作用。曰如何是密作用。師以目開合示之。然言下知歸更不他適。讓機緣不逗辭往曹溪。武后徵至輦下待以師禮。與神秀禪師同加欽重后嘗問師甲子。對曰不記。帝[61]曰。何不記耶。師曰。

---

61) 帝가 원나라본에는 后로 되어 있다.

"생사의 몸은 마치 고리와 같고 그 고리는 시작도 끝도 없거늘 기억해서 무엇 하겠습니까? 하물며 이 마음은 흐르는 물줄기처럼 중간에 간격이 없거늘 거품이 일어났다 꺼졌다 함을 보는 것은 망상일 뿐입니다.

처음 의식함에서 움직이는 형상에 이르러 사라질 때까지도 다만 이러-할 뿐이거늘 무슨 연월일을 기억하겠습니까?"

무후가 듣고 머리를 숙여 믿고 받아들였다. 얼마 지나지 않아 신룡(神龍) 2년에 중종(中宗)이 자색 가사를 하사하고 제자 27인을 출가시켰으며 거듭 이어서 궁중으로 맞이하여 공양하였다. 3년 후에 또 마납(摩衲)가사 한 벌을 하사하니 대사는 사양하고 숭악으로 돌아갔다.

그해 3월 3일에 문인에게 "내가 죽거든 시체를 숲속에 놓아두어 들불에 타도록 하라"라고 유촉하였다.

生死之身其若循環。環無起盡焉用記為。況此心流注中間無間。見漚起滅者乃妄想耳。從初識至動相。滅時亦只如此。何年月而可記乎。后聞稽顙信受。尋以神龍二年。中宗賜紫袈裟。度弟子二七人。仍延入禁中供養。三年又賜摩衲一副。辭師[62]嵩嶽。是年三月三日囑門人曰。吾死已將屍向林中。待野火焚之。

62) 辭師가 원, 명나라본에는 后(師辭)로 되어 있다.

얼마 되지 않아 만회공(萬廻公)이 와서 뵈니 대사가 미친 듯이 손을 잡고 이야기를 하는데 곁에서 모시던 이가 귀를 기울여 들으려 해도 모두 무슨 말인지 알 수 없었다.

8일이 되자 문을 닫고 누워서 입적하니, 춘추는 128세였다.[63)]

문인들이 유언에 따라 시체를 숲속에 놓으니 과연 들불이 나서 자연히 화장이 되어 80과의 사리를 얻었다. 그 중에 다섯 과는 자홍색이었는데 궁중에 남겨두었다가 선천(先天) 2년이 되어 문인들이 부도를 세웠다.

俄爾萬迴公來見。師猖狂握手言論。傍侍傾耳都不體會。至八日閉戶偃身而寂。春秋一百二十八(隋開皇二年壬寅生。唐景龍三年巳酉滅。時稱老安國師)。門人遵旨舁置林間。果野火自然闍維。得舍利八十粒。內五粒色紅紫。留於宮中。至先天二年門人建浮圖。

63) 수의 개황 2년 임인년에 태어나, 당의 경룡 3년 기유년에 멸하였다. 그때 노안 국사라 칭하였다. (원주)

 토끼뿔

어떤 이가 묻기를
"어떤 것이 자기의 뜻이냐는 물음에 비밀한 작용을 관하라 했는데 그 관을 어떻게 합니까?" 하면 이르리라.

당장에 들음을 본다.

또 묻기를 "어떤 것이 비밀한 작용입니까?" 하면 이르리라.

더 이상의 것을 찾지 말라.

원주(袁州) 몽산(蒙山) 도명(道明) 선사

도명 선사는 반양 사람으로 진(陳)의 선제(宣帝)의 후손이었다. 나라가 망하여 평민이 되었는데 왕손인 까닭에 일찍이 직위를 받았으므로 장군이라는 칭호가 있었다.

어릴 때에 영창사(永昌寺)에서 출가하였고 불도를 간절하게 흠모하여 5조의 법회에 가서 극진한 뜻으로 궁구하고 찾았으나 처음에는 아무 것도 깨달은 것이 없었다.

후에 5조가 노행자(盧行者)에게 비밀히 옷과 법을 부촉했다는 말을 듣고 도반들 수십 명을 거느리고 흔적을 따라 대유령(大庾嶺)까지 뒤를 쫓아 갔는데, 다른 무리들이 아직 이르지 못했을 때 대사가 가장 먼저 노행자를 보았다.

노행자는 대사가 달려오는 것을 보고 의발(衣鉢)을 반석 위에다 던지면서 말하였다.

袁州蒙山道明禪師者。鄱陽人。陳宣帝之裔孫也。國亡落於民間。以其王孫甞受署。因有將軍之號。少於永昌寺出家慕道頗切。往依五祖法會極意研尋。初無解悟。及聞五祖密付衣法與盧行者。即率同意數十人。躡跡追逐至大庾嶺。師最先見餘輩未及。盧行者見師奔至。即擲衣鉢於盤石曰。

"이 옷은 믿음을 표시하는 것이거늘 힘으로 다투겠는가? 그대 마음대로 가져가라."

대사가 들려고 했으나 산과 같이 꼼짝도 않으니 망설이다가 겁이 나서 말하였다.

"제가 온 것은 법을 구하기 위해서이지 옷을 위해서가 아닙니다. 원컨대 행자께서는 저에게 열어 보여 주십시오."

조사(노행자, 육조 혜능)가 말하였다.

"선도 생각하지 말고 악도 생각하지 말라. 바로 이런 때 어떤 것이 도명 상좌(上座)의 본래면목인가?"

대사가 당장에 크게 깨달아 온몸에 땀과 눈물을 흘리면서 수차례 절하고 물었다.

"먼저 보이신 비밀한 말과 비밀한 뜻 이외에 특별한 뜻이 있습니까?"

조사가 말하였다.

此衣表信可力爭耶。任君將去。師遂擧之如山不動。踟躕悚慄乃曰。我來求法非為衣也。願行者。開示於我。祖曰。不思善不思惡。正恁麼時阿那箇是明上座本來面目。師當下大悟遍體汗流。泣禮數拜。問曰。上來密語密意外。還更別有意旨否。祖曰。

“내가 지금 그대에게 말한 것은 비밀한 것이 아니다. 그대가 만약 자기의 본래면목을 반조하면 비밀함은 도리어 그대에게 있다.”

대사가 말하였다.

“제가 비록 황매에서 대중을 따랐으나 실제로는 자기의 면목을 깨닫지 못했는데, 이제 들어갈 곳을 가르쳐 주시니 사람이 물을 마셔서 차고 더운 것을 스스로 아는 것과 같습니다. 지금부터 행자께서는 곧 나의 스승이십니다.”

“그대가 만약 이러하다면 그대와 나는 황매 선사를 같은 스승으로 삼는 것이니 스스로 잘 보호해 지녀라.”

대사가 또 물었다.

“저는 향후에 어느 곳으로 가야 좋겠습니까?”

“원(袁)을 만나면 멈추고 몽(蒙)을 만나면 살아라.”

대사가 절하고 하직한 뒤에 급히 고개 밑으로 돌아가서 대중들에게 말하였다.

我今與汝說者。即非密也。汝若返照自己面目。密却在汝邊。師曰。某甲雖在黃梅隨衆。實未省自己面目。今蒙指授入處。如人飲水冷暖自知。今行者即是某甲師也。祖曰。汝若如是。則是吾與汝同師黃梅。善自護持。師又問。某甲向後宜往何所。祖曰。逢袁可止。遇蒙即居。師禮謝遽迴至嶺下。謂衆人曰。

"험준하고 높은 곳에 올라가서 멀리 바라보아도 아득할 뿐 종적이 없다. 다른 길로 찾아보자."

그러자 모두가 그렇게 하였다.

대사는 돌아온 뒤에 홀로 여산의 포수대(布水臺)에서 3년을 살다가 나중에 원주의 몽산으로 가서 현묘한 교화를 크게 드날렸다.

처음은 혜명(慧明)이라 하였으나 스승의 이름의 첫 글자를 피하기 위하여 도명(道明)이라 하였다. 제자들을 모두 영남으로 보내서 6조께 참문하게 하였다.

向陟崔嵬遠望杳無蹤迹。當別道尋之。皆以為然。師既迴。遂獨往廬山布水臺經三載後。始往袁州蒙山大唱玄化。初名慧明。以避師上字故名道明。弟子等盡遣過嶺南參禮六祖。

토끼뿔

어떤 이가 묻기를
"본래면목을 반조하면 비밀함은 도리어 그대에게 있다 했는데 어떤 것이 그 비밀입니까?" 하면 이르리라.

보름달이 누설한다.

앞의 북종(北宗) 신수(神秀) 선사의 법손 (홍인 대사의 제2세)

오대산(五臺山) 거방(巨方) 선사

거방 선사는 안륙(安陸) 사람으로 성은 조(曹)씨였다. 어릴 때에 명복원 낭 선사(朗禪師)에게 수학하였는데 처음에는 경론을 강의하다가 나중에는 선회(禪會)에 참석하였다. 그리하여 북종의 신수 대사를 찾아가니 신수가 물었다.

"백운이 흩어진 곳이 어떠한가?"

前北宗神秀禪師法嗣(忍大師第二世法嗣)五臺山巨方[64]禪師。安陸人也。姓曹氏。幼稟業於明福院朗禪師。初講經論後參禪會。及造北宗秀師。問曰。白雲散處如何。

64) 方이 원나라본에는 玄으로 되어 있다.

대사가 대답하였다.

"매하지 않습니다."

신수가 또 물었다.

"여기에 이른 뒤에는 어떠한가?"

"한 가지에서 다섯 잎이 핀 것을 바로 보았습니다."

신수가 잠자코 허락하므로 입실한 시자로서 거의 어긋남이 없었다. 얼마 지나지 않아 상당(上黨)의 한령(寒嶺)에 가서 사니 몇 년 사이에 천여 명의 무리가 모였다.

뒤에 오대산에서 교화하였고 20여 년 만에 열반에 드니, 나이는 81세였다. 당의 개원 15년 9월 3일에 전신을 그대로 탑에 모셨다.

師曰。不昧。秀又問。到此間後如何。師曰。正見一枝生五葉。秀默許之。入室侍對庶幾無爽。尋至上黨寒嶺居焉。數歲之間眾盈千數。後於五臺山闡化。涉二十餘載入滅。年八十一。以唐開元十五年九月三日。奉全身入塔。

토끼뿔

"백운이 흩어진 곳이 어떠한가?" 하니 "매하지 않습니다" 한 것에 대해 어떤 이가 묻기를 "매하지 않은 경지가 어떤 것입니까?" 하면 이르리라.

솔개는 창공에 떠있고
장끼는 밀림 속을 잘 기며
노루는 한가하게 풀 뜯는다

하중부(河中府) 중조산(中條山) 지봉(智封) 선사

지봉 선사는 성이 오(吳)씨였다. 처음에 유식론(唯識論)[65]을 익히다가 이름과 형상에 막혀 선지식의 꾸지람을 받자 격분하여 강의를 그만두고 길을 떠났다.

무당산(武當山)에 올라 신수 선사를 보고 의심이 단박에 풀렸으나 성태(聖胎)[66]를 길러야겠다 생각하고 작별하였다.

포진의 안봉산(安峯山)에 가서 살기 시작하여 10년 동안을 산에서 내려오지 않고 나무 열매와 개울물을 마시며 살았다.

河中府中條山智封禪師。姓吳氏。初習唯識論滯於名相。為知識所詰乃發憤罷講。遊行登武當山。見秀禪師疑心頓釋。思養聖胎乃辭去。居于蒲津安峯山。不下十年木食澗飲。

65) 유식론(唯識論) : 삼라만상은 실존하는 것이 아니고 다만 심식(心識)뿐이라는 논.
66) 성태(聖胎) : 십주(十住), 십행(十行), 십회향(十回向)의 삼현위(三賢位), 성인이 될 인(因) 즉 종자를 말한다.

포진의 목사(牧司) 위문승(衛文昇)이 성 안으로 들어오기를 청하며 신안국원(新安國院)을 지어 주자 그곳에서 살기 시작하니 승속이 끊임없이 귀의하였다.

목사가 물었다.

"제가 오늘 이후에 어떻게 해야 하겠습니까?"

대사가 말하였다.

"해가 몽범(濛氾)[67]에서 떠서 나무를 비추니 전혀 그림자가 없다."

목사가 처음에는 깨닫지 못하고 인사하고 물러갔다가 잠시 후에 밝게 열려 의혹이 없어지면서 스스로 깨달았다.

대사가 중조산에 왕래하기 20여 년 동안에 그 도를 얻은 이가 셀 수 없었다. 입멸한 뒤에 문인들이 고을 북쪽에 탑을 세웠다.

屬州[68]牧衛文昇請歸城內。建新安國院居之。緇素歸依憧憧不絕。使君問曰。某今日後如何。師曰。日從濛氾出。照樹全無影。使君初不能諭。拱揖而退。少選開曉釋然自得。師來往中條山二十餘年。得其道者不可勝紀。滅後門人於州城北建塔焉。

---

67) 몽범(濛氾) : 해가 지는 곳.

68) 원문의 속주(屬州)는 지명이 아니라 대사가 살고 있는 거주지가 속한 주(州), 즉 포진(蒲津)을 말한다.

토끼뿔

어떤 이가 묻기를
"해가 몽범(濛氾)에서 떠서 나무를 비추니 전혀 그림자가 없다고 했는데 무슨 뜻입니까?" 하면 이르리라.

그림자가 가장 작을 때가 정오니라.

연주(兗州) 항마장(降魔藏) 선사

연주 항마장 선사는 조군(趙郡) 사람으로 성은 왕(王)씨이고 아버지는 고을의 아전이었다.

대사는 7세에 출가하였는데 그때는 들에 요귀가 많아 사람들을 홀리니 대사가 단신으로 가서 조금도 두려워하지 않고 그들을 항복시켜 항마라는 이름을 얻었다.

바로 광복원(廣福院)의 명찬 선사(明讚禪師)에 의해 출가해서 부지런히 시봉을 하여 법을 받았다.

뒤에 신수의 종파인 북종(北宗)이 성대히 교화하는 계제를 만나 섬기기〔摳衣〕[69]를 서원하니 신수가 물었다.

"네 이름이 항마이나 여기에는 산의 정령도 나무에 붙어 있는 혼령도 없으니 네가 도리어 마가 아니냐?"

兗州降魔藏禪師。趙郡人也。姓王氏。父為豪掾。師七歲出家。時屬野多妖鬼魅惑於人。師孤形制伏曾無少畏。故得降魔名焉。即依廣福院明讚禪師出家。服勤受法。後遇北宗盛化便誓摳衣。秀師問曰。汝名降魔。此無山精木怪。汝翻作魔耶。

69) 구의(摳衣) : 원문의 구의(摳衣)는 옷자락을 들어 올려서 경의를 표한다는 뜻이다.

대사가 대답하였다.

“부처가 있다면 마도 있습니다.”

신수가 말하였다.

“네가 만약 마라면 반드시 부사의(不思議)라는 경계에 머물렀을 것이다.”

“부처라는 것도 공했거늘 무슨 경계가 있겠습니까?”

신수가 예언을 해주었다.

“너는 소호(少皞)의 터에 인연이 있다.”

대사가 태산을 찾아 들어가니 몇 해 사이에 학자가 구름같이 모였다.

하루는 문인들에게 “나는 이제 늙었다. 물건이 썩으면 근본〔極〕으로 돌아가는 법이다.”라고 말하고 입적하니, 수명은 91세였다.

師曰。有佛有魔。秀曰。汝若是魔必住不思議境界。師曰。是佛亦空何境界之有。秀懸記之曰。汝與少皞之墟有緣。師尋入泰山。數稔學者雲集。一日告門人曰。吾今老朽物極有歸。言訖而逝壽九十一。

토끼뿔

어떤 이가 묻기를
"마이거니 반드시 부사의라는 경계에 어찌 머무를 수 있습니까?" 하면 이르리라.

험.

수주(壽州) 도수(道樹) 선사

도수 선사[70]는 당주(唐州) 사람으로 성은 문(聞)씨이다. 어릴 때부터 여러 경서를 탐독하다가 나이 50세가 되어 어떤 고승의 권유로 출가하기를 서원하고, 그 지방〔本部〕의 명월산(明月山)에 있는 혜문(慧文)에게 예를 올리고 스승으로 모셨다.

대사는 나이 많아서 공부를 시작하니 너무 늦은 것을 부끄럽게 생각하여, 뜻을 세워 제방을 가지 않은 곳이 없었다.

나중에 동락으로 돌아와 신수 선사를 만나고서야 말끝에 미묘한 이치를 깨닫고 만년에 법기를 이루었다.

그리하여 수주의 삼봉산(三峯山)을 택하여 초가를 짓고 살았다.

일찍이 그곳에 야인 한 사람이 있었는데 옷차림은 소박하였으나 말하는 것이 괴이하였다.

壽州道樹禪師。唐州人也。姓聞氏。幼探經籍。年將五十因遇高僧誘諭。遂誓出家。禮本部明月山慧文為師。師恥乎年長求法淹遲。勵志遊方無所不至。後歸東洛遇秀禪師。言下知微晚成法器。乃卜壽州三峯山結茅而居。常有野人服色素朴言譚詭異。

---

70) 도수 선사(734 ~ 825).

말하고 웃는 때 이외에는 항상 부처님, 보살, 나한, 하늘선인 따위를 화하여 나타내거나 혹은 신기한 광명을 놓기도 하고 혹은 소리를 내기도 하였다.

대사의 제자들은 이를 보고 아무도 헤아리지 못하였다. 이렇게 10년이 지난 후 조용히 형상과 그림자를 감추었다.

대사가 대중에게 말하였다.

"야인이 여러 가지 형색으로 기량을 지어 사람들을 현혹하였으나 다만 노승만은 보지 않고 듣지 않았다. 그의 기량은 다함이 있지만 나의 보지 않고 듣지 않음은 다함이 없다."

당의 보력(寶歷) 원년에 병을 보이고 입적하니, 수명은 92세였다. 이듬해 정월에 탑을 세웠다.

於言笑外化作佛形及菩薩羅漢天仙等形。或放神光。或呈聲響。師之學徒覩之皆不能測。如此涉十年後。寂無形影。師告衆曰。野人作多色伎倆眩惑於人。只消老僧不見不聞。伊伎倆有窮。吾不見不聞無盡。唐寶歷元年示疾而終。壽九十二。明年正月遷[71]塔。

71) 遷이 원, 명나라본에는 建으로 되어 있다.

토끼뿔

어떤 이가 묻기를
"어떤 것이 듣지 않고 보지 않은 실체입니까?" 하면 이르리라.

송림의 산집 밤의 장명등은 그 실체를 보이고
부연끝의 풍경은 듣고 보지 않음을 누설하며
선당의 앞 뜰방을 비질한 대그림자 쉬지를 않누나

회남(淮南) 도량산(都梁山) 전식(全植) 선사

전식 선사는 광주(光州) 사람으로 성은 예(芮)씨이다.

처음에 암자를 지어서 살았는데 태수인 위문경이 광주의 장수사(長壽寺)에 살기를 청하였고 법문을 열자 신도들이 모여들었다.

위문경이 물었다.

"장래 불법의 융성함과 쇠퇴함이 어떻게 되겠습니까?"

대사가 말하였다.

"진실한 물건은 옛도 이제도 없고 또한 법칙〔軌躅〕[72]도 없지만 유위(有爲)의 법은 네 가지 형상으로 변천한다. 법이 장차 위태로우리니 그대가 볼 것이다."

대사는 93세로 일생을 마쳤고 당의 회창(會昌) 4년 갑자년 9월 7일에 탑에 모셨다.

淮南都梁山全植禪師。光州人也。姓芮氏。初結庵居止。太守衛文卿命本州長壽寺開法聚徒。文卿問曰。將來佛法隆替若何。師曰。真實之物無古無今亦無軌躅。有為之法四相遷流。法當陞厄。君侯可見。師年九十三而終。唐會昌四年甲子九月七日入塔。

72) 궤촉(軌躅) : 원문의 궤촉(軌躅)은 법칙이라는 뜻이다. ① 수레바퀴가 지나간 흔적 ② 법칙과 규범 ③ 예전의 궤적.

 토끼뿔

어떤 이가 묻기를
"진실한 물건은 옛도 이제도 법칙도 없다는데 그 진실한 물건을 보여주십시오." 하면 이르리라.

시자의 재채기 소리일세.

앞의 숭악(嵩嶽) 혜안(慧安) 국사의 법손

낙경(洛京) 복선사(福先寺) 인검(仁儉) 선사

인검 선사는 숭산(嵩山)에서 도를 깨친 후에 들과 장터로 걸림 없이 다니니 당시 사람들이 등등화상(騰騰和尙)이라 불렀다.

당의 천책(天冊) 만세(萬歲) 때에 측천무후가 초청해서 대궐에 들어갔는데 측천무후를 우러러보고 말없이 보이고 말하였다.

"아시겠습니까?"

무후가 대답하였다.

"모르겠소."

대사가 말하였다.

前嵩嶽慧安國師法嗣 洛京福先寺仁儉禪師。自嵩山罷問放曠郊廛 時謂之騰騰和尙。唐天冊萬歲中。天后詔入殿前。仰視天后良久曰。會麼。后曰不會。師曰。

"노승은 말하지 않는 계를 지킵니다."

이렇게 말하고는 곧 물러갔다.

이튿날 단가(短歌) 19수를 지어 바치니 측천무후가 받아보고 기뻐하며 많은 상을 주었으나 대사는 모두 받지 않았다.

또 가사를 써서 천하에 퍼뜨리게 하였는데 그 가사는 모두 진리를 설한 것으로 그때 세속 사람들을 경책하는 것이었다. 오직 요원가 한 수만 세상에 널리 알려졌다.

老僧持不語戒。言訖而出。翌日進短歌一十九首。天后覽而嘉之厚加賜賚。師皆不受。又令寫歌辭傳布天下。其辭並敷演真理。以警時俗唯了元歌一首盛行於世。

토끼뿔

어떤 이가 묻기를
"어떤 것이 말하지 않는 계를 지키는 것입니까?" 하면 이르리라.

옥처녀의 시조다.

숭악(嵩嶽) 파조타(破竈墮) 화상

파조타 화상의 이름과 성은 밝혀지지 않았으며 언행은 헤아리기 어려웠고 숭악에 은둔해 살았다.

산 속의 평지에 매우 영험하다는 사당 하나가 있었는데 그 안에 조왕신(竈王神) 하나만을 모셔놓고 사방 사람들이 끊임없이 제사를 지내면서 매우 많은 생명들을 삶아 죽였다.

대사가 하루는 시봉하는 승려를 데리고 사당에 들어가서 주장자로 조왕신의 머리를 세 번 때리고 말하였다.

"애닯다. 조왕신아, 진흙덩이가 합쳐서 이루어졌거늘 거룩함이 어디서 오고 영험함이 어디서 일어난다고 이렇듯이 산목숨을 삶아 죽이도록 하는가?"

그리고는 다시 세 번을 치니 조왕신이 넘어지면서 깨졌다.

嵩嶽破竈墮和尚。不稱名氏。言行叵測隱居嵩嶽。山塢有廟甚靈。殿中唯安一竈。遠近祭祠不輟。烹殺物命甚多。師一日領侍僧入廟。以杖敲竈三下云。咄此竈。只是泥瓦合成。聖從何來靈從何起。恁麼烹宰物命。又打三下。竈乃傾破墮落(安國師號為破竈墮)[73]。

---

73) 안 국사(安國師)가 파조타(破竈墮)라 불렀다. (원주)

조금 있다가 어떤 사람이 푸른 옷과 높은 관을 쓰고 홀연히 대사 앞에 나타나 절을 하니 대사가 물었다.

"당신은 누구인가?"

그가 대답하였다.

"저는 본래 이 사당의 조왕신이었는데 오랫동안 업보를 받다가 오늘에야 대사께서 무생법문(無生法門)을 일러주시는 것을 듣고 이곳을 벗어나서 하늘에 태어나게 되었습니다. 그러므로 사례하기 위해 왔습니다."

"이는 그대가 본래 가지고 있는 성품을 지적했을 뿐이요, 내가 억지로 말한 것이 아니다."

조왕신은 다시 절하고 사라졌다.

조금 있다가 시봉하는 승려들이 대사에게 물었다.

"저희들이 오랫동안 스님을 곁에서 모시고 있었지만 아직도 스님께서 애써서 저희들에게 직접 일러주시는 말씀을 듣지 못하였는데 조왕신은 어떤 지름길을 얻었기에 하늘에 태어났습니까?"

須臾有一人青衣峨冠。忽然設拜師前。師曰。是什麼人。云我本此廟竈神。久受業報。今日蒙師說無生法。得脫此處生在天中。特來致謝。師曰。是汝本有之性。非吾彊言。神再禮而沒。少選侍僧等問師云。某等諸人久在和尚左右。未蒙師苦口直為某等。竈神得什麼徑旨便得生天。

"나는 다만 그에게 진흙덩이가 합친 것이라고 했을 뿐 별다른 도리를 말한 일이 없다."

모시는 승려들이 잠자코 서 있으니 대사가 다시 말하였다.

"알겠는가?"

주사(主事)[74]가 대답하였다.

"모르겠습니다."

"본래 있는 성품인데 어찌하여 알지 못하는가?"

모시는 승려들이 절을 하자 대사가 말하였다.

"떨어졌다. 떨어졌어! 깨졌다. 깨졌어!"

후에 의풍 선사가 안국사(安國師)에게 이것을 들어 말하니, 안국사가 찬탄하며 말하였다.

"이 사람이 만물과 내가 일여(一如)함을 모두 알아버렸으니, 가히 밝은 달이 허공에 떠 있어서 보지 못하는 사람이 없는 것 같구나. 그의 어맥(語脈)을 만나기 어렵느니라."

師曰。我只向伊道是泥瓦合成。別也無道理為伊。侍僧等立而無言。師曰。會麼。主事云。不會。師曰。本有之性為什麼不會。侍僧等乃禮拜。師曰。墮也墮也。破也破也。後有義豐禪師舉白安國師。國師歎曰。此子會盡物我一如。可謂如朗月處空無不見者。難遘伊語脈。

---

74) 주사(主事) : 선림에서 사찰을 감리(監理)하는 직책.

의풍 선사가 머리를 숙이고 차수(叉手)[75]하며 안국사에게 물었다.

"어떤 사람이 그의 말의 뜻을 만나겠습니까?"

"앎이라는 것도 없는 자이다."

또 어떤 승려가 물었다.

"물건들이 형상이 없을 때에 어떠합니까?"

대사가 말하였다.

"절을 하는 자는 오직 그대이지 내가 아니며, 절을 하지 않는 자는 오직 나일뿐이요 그대가 아니다."

그 중이 절을 하고 사례하니 대사가 말하였다.

"본래 있는 물건은 물건이라 하나 물건이 아니다. 때문에 '마음은 능히 만물을 굴릴 수 있으므로 곧 여래와 같다.'라고 한 것이다."

또 어떤 승려가 물었다.

"어떤 것이 착한 행을 닦는 사람입니까?"

豐禪師乃低頭叉手而問云。未審什麼人遘他語脈。國師曰。不知者。又僧問。物物無形時如何。師曰。禮即唯汝非我。不禮即唯我非汝。其僧乃禮謝。師曰。本有之物物非物也。所以道心能轉物即同如來。又僧問。如何是修善行人。

75) 차수(叉手) : 두 손을 교차하여 마주 잡는 것.

대사가 말하였다.
"창을 들고 갑옷을 입은 사람이니라."
승려가 물었다.
"어떤 것이 악을 행하는 사람입니까?"
"선을 닦아 정(定)에 든 사람이니라."
"저는 근기가 얕으니 청컨대 스님께서 잘 가르쳐 주십시오."
"그대가 나에게 악을 물으나 악은 선으로부터 온 것도 아니고, 그대가 나에게 선을 물으나 선은 악으로부터 온 것도 아니다."
조금 있다가 또 말하였다.
"알겠는가?"
"모르겠습니다."
"악한 사람은 착한 생각이 없고 착한 사람은 악한 생각이 없다. 그러므로 선과 악은 뜬 구름과 같아서 모두가 일어나고 사라지는 곳이 없다고 하는 것이다."
그 승려가 이 말끝에 크게 깨달았다.

師曰。捻槍帶甲。云如何是作惡行人。師曰。修禪入定。僧云。某甲淺機請師直指。師曰。汝問我惡惡不從善。汝問我善善不從惡。良久又曰。會麼。僧云。不會。師曰。惡人無善念。善人無惡心。所以道。善惡如浮雲。俱無起滅處。其僧從言下大悟。

어떤 승려가 우두산에서 왔는데 대사가 물었다.

"어느 회상〔法會〕에서 왔는가?"

그 승려가 가까이 와서 차수하고 대사를 한 바퀴 돈 뒤에 나가니 대사가 말하였다.

"우두의 회상에는 이런 사람이 있지 않을 것이다."

승려가 돌아와서 대사의 위쪽에 차수하고 서 있으니, 대사가 말하였다.

"과연이구나, 과연이야."

승려가 불쑥 물었다.

"물건에 응함에 있어서 그에 말미암지 않을 때가 어떠합니까?"

"어떻게 그를 인하지 않을 수 있겠는가?"

"그렇다면 정도(正道)를 좇아 근원에 돌아간 것이겠습니다."

"근원에 돌아갔는데 무엇을 따른다는 것인가?"

"화상의 말씀이 아니었다면 하마터면 허물에 떨어질 뻔하였습니다."

有僧從牛頭處來。師乃曰。來[76]何人法會。僧近前叉手遶師一匝。而出。師曰。牛頭會下不可有此人。僧乃迴師上邊叉手而立。師云。果然果然。僧却問云。應物不由他時如何。師曰。爭得不由他。僧云。恁麼即順正歸源去也。師曰。歸源何順。僧云。若非和尚幾錯招愆。

---

76) 來가 원나라본에는 來自로 되어 있다.

대사가 말하였다.

"아직도 4조 때의 도리는 보지 못했으니 본 뒤에 다시 소식을 통해 오라."

그 승려가 대사를 한 번 돌고 나가니 대사가 말하였다.

"정도를 따름은 지금이나 예전이나 한결같구나."

그 승려가 예를 올렸다.

또 다른 승려가 모시고 오래 서 있으니 대사가 이에 말하였다.

"조사님과 부처님들은 다만 이와 같이 사람의 본성품과 본심을 설했을 뿐 특별한 도리가 없다. 알아차려라. 알아차려."

그 승려가 절하고 물러가려 하니 대사가 불자(拂子)로 때리면서 말하였다.

"한 곳이 이러-하면 천 곳이 모두 그러하다."

그 승려가 가까이 와서 차수하고 외마디 소리를 지르니 대사가 말하였다.

"그 이상 더 믿을 것 없다. 그 이상 더 믿을 것 없어."

師曰。猶是未見四祖時道理也見後通將來。僧却繞師一匝而出。師曰。順正之道今古如然。僧作禮。又僧侍立久。師乃曰。祖祖佛佛只說如人本性本心別無道理。會取會取。僧禮謝。師乃以拂子打之曰。一處如是千處亦然。僧乃叉手近前應喏一聲。師曰。更不信更不信。

승려가 물었다.

"어떤 것이 대천제인(大闡提人)[77]입니까?"

대사가 말하였다.

"존중히 예배하라."

승려가 또 물었다.

"어떤 것이 크게 정진하는 사람입니까?"

"욕하고 성내는 것이다."

그 후에는 종적을 알 수 없었다.

僧問。如何是大闡提人。師曰。尊重禮拜。又問。如何是大精進人。師曰。毁辱瞋恚。其後莫知所終。

77) 대천제인(大闡提人) : 선근이 끊어진 영원히 성불할 수 없는 근기.

토끼뿔

어떤 이가 묻기를
"한 곳이 이러-하면 천 곳이 모두 그러한 도리를 일러주십시오."
하면 이르리라.

사시목탁 소리다.

숭악(嵩嶽) 원규(元珪) 선사

원규 선사는 이궐(伊闕) 사람으로 성은 이(李)씨이다. 어릴 때에 출가하여 당의 영순(永淳) 2년에 구족계를 받고 한거사(閑居寺)에서 계율 배우기를 게을리하지 않았다.

나중에 혜안 국사를 만났는데, 참 종지를 보여주니 현묘한 이치를 단박에 깨닫고 숭악의 방오(龐塢)에다 터를 잡고 살았다.

하루는 어떤 이상한 사람이 아관 차림의 옷을 입고 점잖게 걸어와 대사에게 문안을 드리는데 뒤를 따르는 이가 매우 많았다.

대사가 그의 외형을 보니 매우 특이하고 예사롭지 않아 인도하면서 말하였다.

"잘 왔소. 인자여! 어떤 일로 왔는가?"

그가 대답하였다.

"스님께서 저를 어떻게 아십니까?"

대사가 말하였다.

嵩嶽元珪禪師。伊闕人也。姓李氏。幼歲出家。唐永淳二年受具戒隷閑居寺。習毘尼無解。後謁安國師。印以真宗頓悟玄旨。遂卜廬於嶽之龐塢。一日有異人者。峨冠袴褶而至。從者極多。輕步舒徐稱謁大師。師覩其形貌奇偉非常。乃諭之曰。善來仁者。胡為而至。彼曰。師寧識我耶。師曰。

“나는 부처와 중생을 동등하게 본다. 나는 온통인 눈이거늘 어찌 분별하겠는가?”

“저는 이 숭악산의 산신으로서 능히 사람들을 살리고 죽게 합니다. 대사께서는 온통인 눈이라면서 나를 봅니까?”

“나는 본래 나지도 않았거늘 어찌 네가 죽게 하겠는가? 나는 몸을 허공과 동등한 것으로 보고, 나와 그대가 동등한 것으로 본다. 그대는 능히 허공과 그대를 무너뜨릴 수 있는가? 아무리 허공을 무너뜨리고 그대 자신을 무너뜨린다 하여도 나를 나게 하거나 죽게 할 수 없다. 그대는 이와 같이 하지도 못하면서 어찌 능히 나를 살리고 죽이겠는가?”

산신이 머리를 조아리고 말하였다.

“저도 다른 신보다는 총명하고 정직하다고 여겼는데 어찌 스님같이 광대한 지혜와 변재를 가진 이가 있을 줄이야 알았겠습니까? 원컨대 바른 계를 주시어 저로 하여금 이 세상을 건너게 해주십시오.”

吾觀佛與衆生等。吾一目之豈分別耶。彼曰。我此嶽神也。能生死於人。師安得一目我哉。師曰。吾本不生汝焉能死。吾視身與空等。視吾與汝等。汝能壞空與汝乎。苟能壞空及壞汝。吾則不生不滅也。汝尚不能如是。又焉能生死吾耶。神稽首曰。我亦聰明正直於餘神。詎知師有廣大之智辯乎。願授以正戒令我度世。

대사가 말하였다.

"그대가 이미 계를 달라는 것이 곧 이미 계이다. 왜냐하면 계 밖에 계가 없기 때문이니 또 무슨 계를 바라겠는가?"

"그런 이치는 제가 들어도 막막할 뿐이니 오직 스님의 계를 구할 뿐입니다. 저를 문도(門徒)의 제자로 삼아주십시오."

대사는 곧 그를 위해 자리를 펴고 향로를 잡고 책상을 반듯이 놓고 말하였다.

"그대에게 오계(五戒)를 주겠으니 잘 지키겠으면 '능히 지키겠습니다.'라고 대답하라. 만일 지키지 못하겠으면 '못하겠습니다.'라고 대답하라."

산신이 말하였다.

"삼가 가르침을 받겠습니다."

대사가 말하였다.

"그대는 음행을 하지 않겠는가?"

"장가는 들어야 하겠습니다."

師曰。汝既乞戒即既戒也。所以者何。戒外無戒又何戒哉。神曰。此理也。我聞茫昧。止求師戒。我身為門弟子。師即為張座秉鑪正几曰。付汝五戒。若能奉持即應曰能。不能即曰否。神曰。謹受教。師曰。汝能不婬乎。曰亦娶也。

대사가 말하였다.

“그것을 말한 것이 아니다. 색욕을 부리지 않는 것을 말한다.”

“그것은 능히 지키겠습니다.”

“그대는 도적질을 하지 않겠는가?”

“제가 무엇이 부족해서 도적질을 하겠습니까?”

“그것을 말한 것이 아니다. 제물을 바치면 간사한 사람에게도 복을 주고 공양하지 않으면 착한 사람에게도 화를 주는 것을 말한다.”

“그것은 능히 지키겠습니다.”

“그대는 살생을 하지 않겠는가?”

“제가 실제로 그 권한을 갖고 있는데 어찌 죽이지 않겠다 말하겠습니까?”

“그것을 말하는 것이 아니다. 잘못 알고서 죽이는 것을 말한다.”

“그것은 능히 지키겠습니다.”

“그대는 거짓말을 하지 않겠는가?”

“나는 정직하거늘 어찌 거짓말을 하겠습니까?”

師曰。非謂此也。謂無羅欲也。曰能。師曰。汝能不盜乎。曰何乏我也焉有盜取哉。師曰。非謂此也。謂饗而福淫。不供而禍善也。曰能。師曰。汝能不殺乎。曰實司其柄。焉曰不殺。師曰。非謂此也。謂有濫誤疑混也。曰能。師曰。汝能不妄乎。曰我正直焉能有妄乎。

대사가 말하였다.

"그것을 말한 것이 아니다. 앞과 뒤가 하늘의 뜻에 맞지 않는 것을 말한다."

"그것은 능히 지키겠습니다."

"그대는 능히 술로 인한 낭패를 당하지 않겠는가?"

"그것은 능히 지키겠습니다."

"위에서 말한 것이 부처님의 계이다. 또 마음으로부터 받아 지닌다 하더라도 거리끼거나 집착함이 없고, 마음으로부터 물(物)을 생각하더라도 마음이니 생각이니 몸이니 하는 것이 없어서, 능히 이와 같으면 천지보다 앞서 났어도 정령이 아니요, 천지보다 뒤에 죽어도 늙는 바가 없다. 종일토록 변화하여도 움직임이 아니요, 필경극히 고요히 침묵한다 해도 멈춤이 아니다.

이 이치를 깨달으면 비록 장가를 들어도 아내가 아니요, 비록 음식을 먹어도 취하는 것이 아니요, 비록 권력을 잡아도 권세가 아니요, 비록 작용함이 있어도 고의가 아니요, 비록 취해도 혼몽함이 아니다.

師曰。非謂此也。謂先後不合天心也。曰能。師曰。汝不遭酒敗乎。曰能。師曰。如上是為佛戒也。又言。以有心奉持。而無心拘執。以有心為物。而無心想身。能如是則先天地生不為精。後天地死不為老。終日變化而不為動。畢盡寂默而不為休。悟此則雖娶非妻也。雖饗非取也。雖柄非權也。雖作非故也。雖醉非惛也。

만일 만물에 대하여 무심할 수 있다면 색욕을 부려도 음행이 아니요, 간사한 사람에게 복을 주고 착한 사람에게 재앙을 주어도 부당한 짓이 아니요, 착오와 의심으로 죽여도 살생이 아니요, 앞뒤가 하늘의 뜻에 어긋나도 망령이 아니요, 혼몽하여 전도되어도 취함이 아니다.

이것을 무심(無心)이라 한다. 무심이 되면 곧 계라 할 것도 없고 계라 할 것도 없으면 곧 무심이어서, 부처니 중생이니 너니 나니 할 것이 없어 너란 것이 없는데 누가 계를 지키겠는가?"

산신이 말하였다.

"저의 신통이 부처님의 다음은 되리라 여깁니다."

"그대의 신통은 열 구절에서 다섯 가지는 능하고 다섯 가지는 능하지 못하며, 부처님께서는 열 구절에서 일곱 가지는 능하고 세 가지는 능하지 못하시다."

若能無心於萬物。則羅欲不為婬。福淫禍善不為盜。濫誤疑混不為殺。先後違天不為妄。惛荒顛倒不為醉。是謂無心也。無心則無戒。無戒則無心。無佛無眾生。無汝及無我。無汝孰為戒哉。神曰。我神通亞佛。師曰。汝神通十句五能五不能。佛則十句七能三不能。

산신이 깜짝 놀라 자리를 고쳐 앉으면서 물었다.

"그 사실을 들을 수 있겠습니까?"

"그대는 능히 상제를 거역하여 동쪽 하늘로 가면서 일곱 가지 행성〔七曜〕[78]을 서쪽으로 가게 할 수 있는가?"

"못합니다."

"그대는 능히 토지신의 권한을 빼앗아서 오악을 녹여버리고 사해를 동결시킬 수 있는가?"

"못합니다."

"이것이 다섯 가지 능하지 못함이다. 부처님께서는 온갖 형상이 공하므로 만법의 지혜를 이루셨으나 결정된 업은 없애지 못하고, 부처님께서는 뭇 중생의 성품을 다 아시고 억만 겁의 일을 기억하시나 인연 없는 중생을 제도하지는 못하며, 부처님께서는 한량없는 유정을 제도하시나 중생세계를 다하지는 못하나니 이것이 세 가지 능하지 못함이다.

神悚然避席跪啟曰。可得聞乎。師曰。汝能戾上帝東天行而西七曜乎。曰不能。師曰。汝能奪地祇融五嶽而結四海乎。曰不能。師曰。是謂五不能也。佛能空一切相成萬法智。而不能即滅定業。佛能知群有性窮億劫事。而不能化導無緣。佛能度無量有情。而不能盡衆生界。是謂三不能也。

78) 칠요(七曜) : 원문의 칠요(七曜)는 칠정, 칠위, 칠료라고도 한다. 중국 고대에서는 태양, 달, 금성, 목성, 수성, 화성, 토성 7대 행성을 총칭하는 말이다.

결정된 업이라지만 영원한 것은 아니요, 인연이 없다지만 또한 한번 구제해 볼 것이요, 중생세계라 하지만 본래 증감이 없는 것이다.

또한 온통인 사람은 있는 법〔만법〕의 주인이라 함도 없다. 법이 있어 주인이라 할 것도 없는 이것이 법 없음이며 법이 없어 주인이라 할 것도 없는 이것이 무심(無心)이다.

내가 부처님을 알기로는 신통이라 할 것도 없으니 다만 무심으로써 온갖 법을 통달했을 뿐이다."

산신이 말하였다.

"저는 진실로 소견이 얕고 어리석어서 공(空)의 이치를 들은 적이 없었는데 대사께서 주신 계를 잘 받들어 행하겠습니다. 앞으로 인자하신 덕화에 보답하기 위하여 저의 능력을 다하겠습니다."

"내 몸이라는 것을 관하면 물질이 아니요, 법이라는 것을 관하면 무상한 것이거늘 다시 무슨 욕망이 있겠는가?"

"대사께서 꼭 저에게 세간 일을 하도록 분부해 주십시오.

定業亦不牢久。無緣亦謂一期。眾生界本無增減。且無一人能主有法。有法無主是謂無法。無法無主是謂無心。如我解佛亦無神通也。但能以無心通達一切法爾。神曰。我誠淺昧未聞空義。師所授戒我當奉行。今願報慈德効我所能。師曰。吾觀身無物觀法無常。塊然更有何欲。神曰。師必命我為世間事。

제가 조그마한 신통을 부려서, 세간의 이미 발심한 이와 처음으로 발심한 이와 아직 발심하지 않은 이와 신심이 없는 이와 신심이 굳은 이 등의 다섯 무리로 하여금 저의 신통의 자취를 보게 하여, 부처와 신이 있고 능함과 능하지 못함이 있고 자연과 자연이 아님이 있음을 두루 알게 하겠습니다."

"함이 없음으로야 된다. 함이 없음으로야 되는 것이다."

"부처님께서도 신장에게 불법을 옹호하게 하셨는데 스님께서는 어찌 부처님의 말씀을 어기십니까? 바라오니 잘 가르쳐 주십시오."

대사는 마지못하여 말하였다.

"동암사 둘레에는 삭막해서 나무가 없고 북쪽 산봉우리에는 나무가 있지만 뒤에 병풍처럼 둘러져 있지는 않으니, 그대가 북쪽 산봉우리의 나무를 옮겨다 동암에 심어 주겠는가?"

展我小神功。使已發心初發心未發心不信心必信心五等人。自[79]我神蹤。知有佛有神有能有不能有自然有非自然者。師曰。無為是無為是。神曰。佛亦使神護法。師寧隳叛佛耶。願隨意垂誨。師不得已而言曰。東巖寺之障。莽然無樹。北岫有之。而皆(舊本作背字)[80]非屏擁。汝能移北樹於東嶺乎。

79) 自가 원, 명나라본에는 目으로 되어 있다.

80) 구본에는 '背'자로 되어 있다. (원주)

산신이 말하였다.

“잘 알았습니다. 그러나 밤중에 반드시 요란한 소리가 날 것이니 놀라지 마십시오.”

그리고는 곧 절을 하고 물러갔다. 대사가 문까지 전송하면서 보니 그 위의의 성대함이 왕과도 같았다. 바람, 안개, 연기, 노을이 어지러이 뒤섞이고 당기(幢旗)[81]와 번기(幡旗)[82]와 고리와 패물이 하늘을 찌를 듯이 넘실거리며 사라졌다.

그날 밤에 과연 폭풍이 몰아치고 구름과 번개가 요란하며 집이 흔들리고 자는 새들이 놀라서 울었다.

대사가 대중에게 말하였다.

“놀라지 말라. 놀라지 말라. 산신이 나에게 약속한 일이 있다.”

이튿날 아침에 보니 북쪽 산봉우리의 솔밭이 모두 동암사 쪽으로 옮겨졌는데 첩첩이 줄지어 심어져 있었다.

神曰。已聞命矣。然昏夜間必有諠動。願師無駭。即作禮辭去。師門送而且觀之。見儀衛逶迤如王者之狀。嵐靄煙霞紛綸間錯。幢幡環珮凌空隱沒焉。其夕果有暴風吼雷奔雲震電。棟宇搖蕩宿鳥聲諠。師謂衆曰。無怖無怖。神與我契矣。詰旦和霽。則北巖松栝盡移東嶺森然行植。

81) 당기(幢旗) : 큰 절의 문앞에 세우는 깃대의 하나. 불보살의 공덕을 나타내는 장엄구.

82) 번기(幡旗) : 불보살의 위덕을 나타내는 깃발.

대사가 대중에게 말하였다.

"내가 죽은 뒤에라도 행여 입 밖에 내지 말라. 만일 말을 좋아하는 이가 있으면 반드시 나를 요망하다 하리라."

개원(開元) 4년 병진년에 문인들에게 유언을 하였다.

"내가 처음에는 절 동쪽의 마루턱에 살았으니 내가 죽거든 너희들은 반드시 거기에다 나의 뼈를 묻어라."

이 말을 마치고는 태연히 몸을 벗으니, 수명은 73세였다. 문인들이 탑을 세웠다.

師謂其徒曰。吾沒後無令外知。若為口實人將妖我。以開元四年丙辰歲。囑門人曰。吾始居寺東嶺。吾滅汝必窴吾骸於彼。言訖若委蛻焉。春秋七十三。門人建塔焉。

 토끼뿔

어떤 이가 묻기를
“현묘한 이치를 단박에 깨달았다 했는데 어떤 것이 현묘한 이치입니까?” 하면 이르리라.

행주좌와 어묵동정이니라.

앞의 숭산(嵩山) 보적(普寂) 선사의 법손(홍인 대사의 제3세)

흥선(興善) 종남산(終南山) 유정(惟政) 선사

유정 선사는 평원(平原) 사람으로 성은 주(周)씨이다. 고향의 연화사(延和寺) 전징(詮澄) 법사에게서 공부를 하다가 숭산 보적 선사에게 법을 받았다.

참 이치를 깨친 뒤에 곧 태일산(太一山)에 들어가서 사니 학자들이 방에 가득하였다.

당의 대화(大和) 때에 문종(文宗)이 조개를 좋아하여 바닷가의 관리들이 앞을 다투어 진상하니 백성들도 피로하였다.

前嵩山普寂禪師法嗣(忍大師第三世)。終南山惟政禪師。平原人也。姓周氏。受業於本州延和寺詮澄法師。得法於嵩山普寂禪師。既決了真詮。即入太一山中。學者盈室。唐大和中文宗嗜蛤蜊。沿海官吏先時遞進。人亦勞止。

하루는 수라상에 껍질이 벌어지지 않은 것이 있었다. 황제가 이상하게 여기어 곧 향을 피우고 기도하니 잠깐 사이에 보살의 형상으로 변했는데 범상(梵相)[83]을 구족하고 있었다. 곧 금속(金粟)[84]과 단향나무로 만든 곽에 넣고 아름다운 비단으로 덮어서 흥선사(興善寺)에 하사하여 여러 승려들에게 우러러 예를 올리게 하였다.

그리고는 여러 신하들에게 그것이 무슨 상서냐고 물었다. 그들 가운데 누군가가 태일산에 유정 선사라는 이가 있는데 불법을 잘 알고 지식이 한이 없다고 하였다. 황제가 곧 그를 불러서 이 사실을 물으니 대사가 대답하였다.

"신(臣)이 들으니 사물은 공연히 나타나는 일이 없다 하는데 이는 폐하의 신심을 열어주시려는 것인가 합니다. 그러므로 경에 말하기를 '이러이러한 몸으로 제도할 이에게는 곧 이러이러한 몸을 나타내어 법을 설한다.'라고 하였습니다."

一日御饌中有擘不張者。帝以其異即焚香禱之。俄變為菩薩形。梵相具足。即貯以金粟檀香合覆以美錦。賜興善寺。令眾僧瞻禮。因問群臣。斯何祥也。或言太一山有惟政禪師。深明佛法博聞彊識。帝即令召至問其事。師曰。臣聞物無虛應。此乃啟陛下之信心耳。故契經云。應以此身得度者。即現此身而為說法。

83) 범상(梵相) : 불보살님 등의 청정하고 장엄한 모습.

84) 금속(金粟) : 보석의 한 종류.

황제가 말하였다.

“보살께서 몸을 나타내셨지만 설법은 듣지 못했소.”

대사가 말하였다.

“폐하께서는 이 일을 보시고 예삿일이라 여기십니까, 아니면 예삿일이 아니라 여기십니까? 믿으십니까, 믿지 않으십니까?”

“희귀하고 기이한 일이어서 짐은 깊이 믿소.”

“폐하께서는 이미 설법을 들으셨습니다.”

그때에 황제는 일찍이 느껴보지 못한 기쁨을 느끼고는 천하의 사원에 명령해서 각각 관음상을 세우게 하여 길하고 경사스러운 일〔殊休〕[85]에 보답하였다.

이로 인해 대사를 내도량(內道場)[86]에 머무르게 하였으나 여러 번 사양하고 산으로 들어갔다. 다시 조서를 내려 성수사(聖壽寺)에 머무르게 하였는데 무종(武宗)이 즉위하자 대사는 홀연히 종남산으로 들어가 은거하였다.

帝曰。菩薩身已現。且未聞說法。師曰。陛下覩此為常非常耶。信非信耶。帝曰。希奇之事朕深信焉。師曰。陛下已聞說法了。時皇情悅豫得未曾有。詔天下寺院各立觀音像以答殊休。因留師於內道場。累辭入山。復詔令住聖壽寺。至武宗即位。師忽入終南山隱居。

85) 수휴(殊休) : 원문의 수휴(殊休)는 길하고 경사스러운 일이라는 뜻이다. 吉慶.
86) 내도량(內道場) : 궁궐 안에 있는 사찰.

사람들이 그 까닭을 물으니 대사가 말하였다.

"나는 원수를 피하는 것이오."

후에 산의 머물던 곳에서 임종하니, 나이는 87세였다. 화장을 한 뒤에 사리 49과를 얻었으며 회창(會昌) 3년 9월 4일에 탑에 모셨다.

人問其故。師曰。吾避仇矣。後終於山舍。年八十七。闍維收舍利四十九粒。以會昌三年九月四日入塔。

토끼뿔

어떤 이가 묻기를

"참 이치를 깨달았다는데 어떤 것이 참 이치입니까?" 하면 이르리라.

참 이치니라.

익주(益州) 무상(無相) 선사의 법손(홍인 대사의 제4세)

익주(益州) 보당사(保唐寺) 무주(無住) 선사

무주 선사[87]는 처음에 무상[88] 대사에게 법을 얻었다.

益州無相禪師法嗣忍大師(第四世)。益州保唐寺無住禪師。初得法於無相大師。

87) 무주 선사(714 ~774).

88) 중국에서 선법을 융성하게 폈던 우리나라(해동) 신라승으로서 가섭현자, 마조도일 선사, 신회 선사, 왕두타, 융 선사, 무주 선사 등이 무상선사의 법을 이었다. 신라 무상 선사의 충실한 제자로서의 마조의 모습은 최치원이 찬한 무염비(無染碑), 성주사(聖住寺) 낭혜 화상(朗慧和尙) 백월(白月) 보광탑비(葆光塔碑)에 있는 이른바 구참(鉤讖)의 대목에서 볼 수가 있다. "내(최치원)가 강서 마조 선사 제자로 있을 때 마조 선사님께서 하신 말씀이 아직도 내 귀에 쟁쟁하다. 마조 선사님께서는 '이제 너를 가르쳐 신라로 다시 보내는 것이 스승님〔無相禪師〕의 한을 풀어드리는 것이어서 해동선불교의 대부라도 된 것 같구나'라고 하셨다." 則我當年作江西大兒師言在耳 後世爲海東代父 其無慙 先師矣乎 (세계일보 1991년 2월 27일 제638호에 연세대 민영규 명예교수와 중국 학자 호적 선생의 정중사(淨衆寺) 현지 추적 발굴에서 사실임이 입증된 내용이 자세히 나와 있다.)

뒤에 남양 백애산(白崖山)에서 거주하며 참선〔宴寂〕에 전념하였는데, 몇 해가 지나자 학자들이 차츰 모여들어 간곡히 청해 마지않았다. 이로부터 가르치기 시작하였는데 비록 널리 베풀어 설하여 가르쳤으나 오직 무념을 종(宗)으로 삼았다.

당의 정승 두홍점(杜鴻漸)이 이 지방의 안무사로 왔는데 대사의 명성을 듣고 한 번 만나기를 바라더니 대력(大歷) 원년 9월이 되자 사자(使者)를 산으로 보내어 청하였다.

이때에 절도사 최녕(崔寧)도 또한 여러 절의 승려와 신도들에게 명령하여 멀리까지 나가서 영접하게 하니 10월 1일에 공혜사(空慧寺)에 이르렀다.

그때 두홍점과 최녕이 삼학의 학식이 많고 덕이 있는 승려들을 모두 사찰에 모시고 예를 올린 뒤에 두공이 물었다.

"전에 들으니 대사께서 일찍이 여기에 머무르셨다는데 그 뒤에 어디로 가셨습니까?"

乃居南陽白崖山。專務宴寂。經累歲學者漸至勤請不已。自此垂誨。雖廣演言教而唯以無念為宗。唐相國杜鴻漸出撫坤維。聞師名思一瞻禮。大歷元年九月。遣使到山延請。時節度使崔寧。亦命諸寺僧徒遠出迎引。十月一日至空慧寺。時杜公與戎帥。召三學碩德俱會寺中致禮訖。公問曰。頃聞師嘗駐錫於此。而後何往耶。

대사가 대답하였다.

"머무는 곳이 없습니다. 성품이 거칠어서 산간에 있기를 좋아합니다. 하란(賀蘭)과 오대(五臺)를 비롯하여 경치가 좋은 곳으로 두루 다니다가, 상공의 관내에 있는 대자사(大慈寺)에서 나의 스승께서 최상승의 법을 설하신다는 말을 듣고 일부러 멀리 와서 뵈었습니다. 법을 받은 뒤에는 백애산에 머무른 지 여러 해가 지났는데 이제 상공께서 부르시니 감히 따르지 않을 수 있겠습니까?"

상공이 말하였다.

"제자가 듣건대 김(金) 화상[89]께서는 '기억하지 말라. 생각하지 말라. 망령되지 말라.'라는 세 구절의 법문을 설하신다고 하는데 그렇습니까?"

"그렇습니다."

상공이 말하였다.

曰無住性好疎野多泊山間。自賀蘭五臺周遊勝境。聞先師居貴封大慈寺說最上乘。遂遠來摳衣忝預函丈。後棲遲白崖已逾多載。今幸相公見召。敢不從命。公曰。弟子聞金和尚說無憶無念莫妄三句法門是否。曰然。公曰。

89) 김(金) 화상이란 무상 선사를 가리킨다. 무상 선사는 신라 사람으로서 성이 김씨(金氏)이다.

"이 세 구절은 하나입니까, 셋입니까?"

대사가 말하였다.

"기억하지 말라 함은 계요, 생각하지 말라 함은 선정이요, 망령되지 말라 함은 지혜이나, 한 마음이라 함도 내지 않으면 계와 선정과 지혜를 갖추는 것이니, 하나도 셋도 아닙니다."

"마지막 구절의 망령이라는 망(妄)자는 마음 심 변의 잊을 망(忘)자가 아니겠습니까?"

"아닙니다. 계집녀 변에 쓴 허망할 망(妄)자입니다."

"근거가 있습니까?"

"법구경에 '정진한다는 마음을 일으키면 이는 망령된 것이지 정진이 아니요, 만일 마음이 망령되지 않으면 정진은 끝이 없다.'라고 하셨습니다."

상공이 듣고 의심이 활짝 풀려 다시 물었다.

"대사께서도 여전히 세 구절로써 사람들에게 법문〔開示〕하시겠습니까?"

此三句是一是三。曰無憶名戒。無念名定。莫妄名慧。一心不生具戒定慧。非一非三也。公曰。後句妄字莫是從心之忘乎。曰從女者是也。公曰。有據否。曰法句經云。若起精進心是妄非精進。若能心不妄精進無有涯。公聞疑情盪焉。又問。師還以三句示人否。

대사가 대답하였다.

“초심자에게 생각을 쉬어 의식의 물결을 멈추게 하면 물이 맑아져서 그림자가 나타나듯 하겠지만, 무념의 당체를 깨달으면 적멸이 드러나 무념이랄 것도 세울 필요가 없습니다.”

이때에 뜰 앞의 나무에서 까마귀가 울자 상공이 물었다.

“대사께서는 들으십니까?”

“듣습니다.”

까마귀가 날아가자 또 물었다.

“대사께서는 들으십니까?”

“듣습니다.”

상공이 말하였다.

“까마귀가 날아가서 소리가 없거늘 어찌하여 듣는다 하십니까?”

대사가 널리 대중들에게 말하였다.

曰對初心學人還令息念澄停識浪。水清影現。悟無念體。寂滅現前。無念亦不立也。於時庭樹鵶鳴。公問。師聞否。曰聞。鵶去已。又問。師聞否。曰聞。公曰。鵶去無聲云何言聞。師乃普告大衆。

"부처님의 세상은 만나기 어렵고 바른 법은 듣기 어려우니 모두 자세히 들어라.

들음 없이 들으면 막힘 없는〔非關〕 성품의 들음이라[90] 본래 나지 않거니 어찌 멸함이 있겠는가? 소리가 있을 때는 소리인 티끌이 스스로 나고 소리가 사라질 때는 소리인 티끌이 스스로 멸한 것이다.

그러나 이 들음의 성품은 소리를 따라 나거나 소리를 따라 멸하는 것이 아니다. 이 들음의 성품을 깨달으면 소리의 티끌에 굴리는 바를 면한다. 마땅히 알라. 들음에는 생멸이 없고 들음에는 거래(去來)가 없다."

상공과 관료들과 대중이 모두 머리를 조아리면서 또 물었다.

佛世難值正法難聞。各各諦聽。聞無有聞非關聞性。本來不生何曾有滅。有聲之時是聲塵自生。無聲之時是聲塵自滅。而此聞性不隨聲生不隨聲滅。悟此聞性則免聲塵之所轉。當知聞無生滅。聞無去來。公與僚屬大衆稽首。又問。

---

90) '들음 없이 들으면 막힘 없는〔非關〕 성품의 들음이라'는 뜻은 백의관음 무설설(白衣觀音無說說) 남순동자불문문(南巡童子不聞聞) 도리이다. 백의관음은 설한 바 없이 설하고 남순동자는 들은 바 없이 듣는다. 이 도리를 알고 싶은가? 병상녹양삼제하(併上綠楊三際夏) 암전취죽시방춘(巖前翠竹十方春) 병의 푸른 나뭇가지는 삼세가 여름이고 바위암의 푸른 대는 시방이 봄이니라.

"무엇이 제1의며, 제1의는 어떤 차례를 따라서 들어갈 수 있습니까?"

대사가 말하였다.

"제일의(第一義)는 차례가 없고 출입도 없습니다. 세제(世諦)[91] 에는 일체가 있지만 제일의에는 곧 없습니다. 모든 법의 성품이라 할 것도 없는 성품을 제일의라 합니다. 부처님께서도 '유위법을 속제(俗諦)라 이름하고 성품 없음이 제일의니라.'라고 하셨습니다."

"스님께서 보여주신 바는 실로 불가사의합니다."

상공이 다시 물었다.

"제자의 성품과 식견이 미천하지만 예전에 공무 중에 한가한 틈을 타서 『기신론장소(起信論章疏)』를 두 권 썼는데 불법이라고 칭할 수 있겠습니까?"

何名第一義。第一義者從何次第得入。師曰。第一義者無有次第。亦無出入。世諦一切有。第一義即無。諸法無性性。說名第一義。佛言。有法名俗諦。無性第一義。公曰。如師開示實不可思議。公又曰。弟子性識微淺。昔因公暇撰得起信論章疏兩卷。可得稱佛法否。

---

91) 세제(世諦) : 속제(俗諦)와 같은 말로, 속은 속사(俗事) 또는 세속이란 뜻이고 제는 진실한 도리란 뜻이다. 속인들이 아는 바 도리, 곧 세간 일반에서 인정하는 도리라는 뜻이다.

대사가 말하였다.

"무릇 장소(章疏)를 지을 때 식심(識心)으로 하는 것은 다 사량분별이고 유위이고 유작이니 마음을 일으키고 생각을 움직여서 지은 것입니다.

『기신론』 원문에 이르기를 '응당 알아라. 일체 법은 본래부터 언설상(言說相)을 여의었고 명자상(名字相)을 여의었으며 심연상(心緣相)을 여의었으니 필경 평등하여 변하고 달라짐이 없다. 오직 온통인 마음[一心]만이 있는 고로 진여(眞如)라 이름한다.'라고 하였습니다.

지금 상공은 언설상에 집착하고 명자상에 집착하고 심연상에 집착하고 이미 갖가지 상에 집착했으니 어찌 이것을 불법이라 하겠습니까?"

상공이 일어나서 절을 하고 말하였다.

"제자가 또한 일찍이 모시던 여러 대덕들께 여쭈었더니 모두가 불가사의하다고 하면서 제자를 칭찬하셨는데 응당 그분들은 다만 인정을 좇은 것이었음을 알았습니다.

師曰。夫造章疏皆用識心。思量分別有為有作。起心動念然可造成。據論文云。當知一切法從本以來。離言說相。離名字相。離心緣相。畢竟平等無有變異。唯有一心故名真如。今相公著言說相。著名字相。著心緣相。既著種種相。云何是佛法。公起作禮曰。弟子亦曾問諸供奉大德。皆讚弟子不可思議。當知彼等但徇人情。

대사께서는 지금 이치에 따라 심지법(心地法)에 계합하게 해설해주시니 실로 이 진리가 불가사의합니다."

상공이 다시 물었다.

"어떤 것이 나지 않는 것이며 어떤 것이 멸하지 않는 것이며 어떻게 해야 해탈하겠습니까?"

대사가 말하였다.

"경계를 보고 마음을 일으키지 않으면 이름하여 나지 않는다 하고 나지 않으면 곧 멸하지 않으니, 이미 남이 없고 멸함이 없으면 앞의 티끌에 속박되지 않고 당처에서 해탈합니다.

나지 않음을 이름하여 무념이라 하고 무념이면 곧 멸함이 없습니다. 무념이면 곧 속박이 없고 무념이면 곧 해탈이랄 것도 없습니다.

요점을 말하니 마음을 알면 생각을 여의게 되고 성품을 보면 곧 해탈입니다. 식심을 여의고 성품을 보는 이외에 다시 어떤 법문으로 위없는 보리를 증득한다 하면 옳지 못합니다."

師今從理解說合心地法。實是真理不可思議。公又問。云何不生。云何不滅。如何得解脫。師曰。見境心不起名不生。不生即不滅。既無生滅即不被前塵所縛。當處解脫。不生名無念。無念即無滅。無念即無縛。無念即無脫。舉要而言。識心即離念。見性即解脫。離識心見性外。更有法門證無上菩提者。無有是處。

상공이 말하였다.

“무엇을 이름하여 마음을 알고 성품을 본다 합니까?”

대사가 말하였다.

“일체 도를 배우는 사람이 생각을 따라 헤매는 것은 참 마음을 알지 못하기 때문입니다. 참 마음은 생각이 생길 때에도 따라 생기는 것이 아니고 생각이 멸할 때에도 따라 고요해지는 것도 아니니, 오는 것도 아니고 가는 것도 아니며, 선정도 아니고 어지러운 것도 아니며, 취하는 것도 아니고 버리는 것도 아니며, 침체하는 것도 아니고 들뜨는 것도 아니며, 함이 없고 형상도 없으나 활발하게 평상시에 자유자재 합니다. 이 마음의 본체는 끝내 얻는 것이 아니어서 깨달아 아는 것도 없으며 눈에 닿는 것이 모두가 이러-히 견성(見性) 아닌 것이 없습니다.”

상공과 대중이 절을 하고 찬탄하며 뛸 듯이 기뻐하면서 물러갔다. 무주 선사는 나중에 보당사에 살다가 임종하였다.

公曰。何名識心見性。師曰。一切學道人隨念流浪。蓋為不識真心。真心者。念生亦不順生。念滅亦不依寂。不來不去。不定不亂。不取不捨。不沈不浮。無為無相。活鱍鱍平常自在。此心體畢竟不可得。無可知覺。觸目皆如無非見性也。公與大眾作禮。稱讚踊躍而去。無住禪師後居保唐寺而終。

토끼뿔

어떤 이가 묻기를
"어떻게 해야 견성 아닌 것이 없겠습니까?" 하면 이르리라.

험.
온통으로 보라.

색 인 표

색 인 표

색 인 표

색 인 표

색 인 표

ㅊ

ㅌ

ㅍ

ㅎ

색 인 표

부록은 농선 대원 선사님의 인가 내력과 법어, 그리고 대원 선사님께서 직접 작사하신 노래 가사를 실었다. 특히 요즘 선지식 없이 공부하는 이들을 위하여 수행의 길로부터 불보살님의 누림까지 닦아 증득할 수 있도록 '부록4'에 '가슴으로 부르는 불심의 노래' 가사를 담았으니, 끝까지 정독하여 수행의 요긴한 지침이 되기를 바란다.

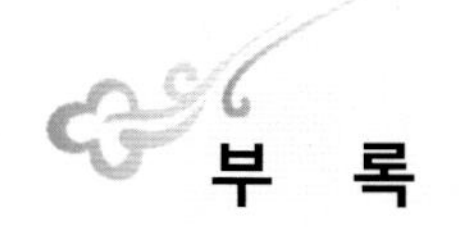

부 록

농선 대원 선사님 인가 내력

제 1 오도송

이 몸을 끄는 놈 이 무슨 물건인가?
골똘히 생각한 지 서너 해 되던 때에
쉬이하고 불어온 솔바람 한 소리에
홀연히 대장부의 큰 일을 마치었네

무엇이 하늘이고 무엇이 땅이런가
이 몸이 청정하여 이러-히 가없어라
안팎 중간 없는 데서 이러-히 응하니
취하고 버림이란 애당초 없다네

하루 온종일 시간이 다하도록
헤아리고 분별한 그 모든 생각들이
옛 부처 나기 전의 오묘한 소식임을
듣고서 의심 않고 믿을 이 누구인가!

此身運轉是何物
疑端汨沒三夏來
松頭吹風其一聲
忽然大事一時了

何謂靑天何謂地
當體淸淨無邊外
無內外中應如是
小分取捨全然無

一日於十有二時
悉皆思量之分別
古佛未生前消息
聞者卽信不疑誰

대원 선사님의 스승이신 불조정맥 제77조 조계종(曹溪宗) 전강(田岡) 대선사님께서 1962년 대구 동화사의 조실로 계실 당시 대원 선사님께서도 동화사에 함께 머무르고 계셨다.

하루는 전강 대선사님께서 대원 선사님의 3연으로 되어 있는 제1오도송을 들어 깨달은 바는 분명하나 대개 오도송은 짧게 짓는다고 말씀하셨다. 이에 대원 선사님께서는 제1오도송을 읊은 뒤, 도솔암을 떠나 김제들을 지나다가 석양의 해와 달을 보고 문득 읊었던 제2오도송을 일러드렸다.

제 2 오도송

해는 서산 달은 동산 덩실하게 얹혀 있고
김제의 평야에는 가을빛이 가득하네
대천이란 이름자도 서지를 못하는데
석양의 마을길엔 사람들 오고 가네

日月兩嶺載同模
金提平野滿秋色
不立大千之名字
夕陽道路人去來

제2오도송을 들으신 전강 대선사님께서는 이에 그치지 않고 그와 같은 경지를 담은 게송을 이 자리에서 즉시 한 수 지어볼 수 있겠냐고 하셨다. 대원 선사님께서는 곧바로 다음과 같이 읊으셨다.

바위 위에는 솔바람이 있고
산 아래에는 황조가 날도다

대천도 흔적조차 없는데
달밤에 원숭이가 어지러이 우는구나

岩上在松風
山下飛黃鳥
大千無痕迹
月夜亂猿啼

전강 대선사님께서는 위 송의 앞의 두 구를 들으실 때만 해도 지그시 눈을 감고 계시다가 뒤의 두 구를 마저 채우자 문득 눈을 뜨고 기뻐하는 빛이 역력하셨다.

그러나 전강 대선사님께서는 여기에서도 그치지 않고 다시 한 번 물으셨다.

"대중들이 자네를 산으로 불러내어 그 중에 법성(향곡 스님 법제자인 진제 스님. 동화사 선방에 있을 당시에 '법성'이라 불렸고, 나중에 '법원'으로 개명하였다.)이 달마불식(達磨不識) 도리를 일러보라 했을 때 '드러났다'라고 답했다는데, 만약에 자네가 당시의 양무제였다면 '모르오'라고 이르고 있는 달마 대사에게 어떻게 했겠는가?"

대원 선사님께서 답하셨다.

"제가 양무제였다면 '성인이라 함도 서지 못하나 이러-히 짐의 덕화와 함께 어우러짐이 더욱 좋지 않겠습니까?' 하며 달마 대사의 손을 잡아 일으켰을 것입니다."

전강 대선사님께서 탄복하며 말씀하셨다.

"어느새 그 경지에 이르렀는가?"

“이르렀다곤들 어찌하며, 갖추었다곤들 어찌하며, 본래라곤들 어찌하리까? 오직 이러-할 뿐인데 말입니다.”

대원 선사님께서 연이어 말씀하시자 전강 대선사님께서 이에 환희하시니 두 분이 어우러진 자리가 백아가 종자기를 만난 듯, 고수명창 어울리듯 화기애애하셨다.

달마불식 공안에 대한 위의 문답은 내력이 있는 것이다. 전강 대선사님께서 대원선사님을 부르시기 며칠 전에, 저녁 입선 시간 중에 노장님 몇 분만이 자리에 앉아있을 뿐 자리가 텅텅 비어 있었다고 한다.

대원 선사님께서 이상히 여기고 있던 중, 밖에서 한 젊은 수좌가 대원선사님을 불렀다. 그 수좌의 말이 스님들이 모두 윗산에 모여 기다리고 있으니 가자고 하기에 무슨 일인가 하고 따라가셨다.

그러자 그 자리에 있던 법성 스님이 보자마자 달마불식 법문을 들고 이르라고 하기에 지체없이 답하셨다.

“드러났다.”

곁에 계시던 송암 스님께서 또 안수정등 법문을 들고 물으셨다.

“여기서 어떻게 살아나겠소?”

대뜸 큰소리로 이르셨다.

“안·수·정·등.”

이에 좌우에 모인 스님들이 함구무언(緘口無言)인지라 대원 선사님께서는 먼저 그 자리를 떠나 내려와 버리셨다.

그 다음날 입승인 명허 스님께서 아침 공양이 끝난 자리에서 지난 밤 입선시간 중에 무단으로 자리를 비운 까닭을 묻는 대중 공사를 붙여

산 중에서 있었던 일들이 낱낱이 드러나고 말았다. 그리하여 입선시간 중에 자리를 비운 스님들은 가사 장삼을 수하고 조실인 전강 대선사님께 참회의 절을 했던 일이 있었다.

전강 대선사님께서는 이때에 대원 선사님께서 달마불식 도리에 대해 일렀던 경지를 점검하셨던 것이다.

이런 철저한 검증의 자리가 있었던 다음 날, 전강 대선사님께서 부르시기에 대원 선사님께서 가보니 모든 것이 약조된 데에서 주지인 월산(月山) 스님께서 입회해 계셨으며 전강 대선사님께서는 곧바로 다음과 같이 전법게(傳法偈)를 전해주셨다.

전 법 게

부처와 조사도 일찍이 전한 것이 아니거늘
나 또한 어찌 받았다 하며 준다 할 것인가
이 법이 2천년대에 이르러서
널리 천하 사람을 제도하리라

佛祖未曾傳
我亦何受授
此法二千年
廣度天下人

덧붙여 이 일은 월산 스님이 증인이며 2000년까지 세 사람 모두 절대 다른 사람이 알게 하거나 눈에 띄게 하지 않아야 한다고 당부하셨다.

만약 그러지 않을 시에는 대원 선사님께서 법을 펴 나가는데 장애가 있을 것이라고 예언하셨다. 또한 각별히 신변을 조심하라 하시고 월산 스님에게 명령해 대원선사님을 동화사의 포교당인 보현사에 내려가 교화에 힘쓰게 하셨다.

대원 선사님께서 보현사로 떠나는 날, 전강 대선사님께서는 미리 적어두셨던 부송(付頌)을 주셨으니 다음과 같다.

부 송

어상을 내리지 않고 이러-히 대한다 함이여
뒷날 돌아이가 구멍 없는 피리를 불리니
이로부터 불법이 천하에 가득하리라

不下御床對如是
後日石兒吹無孔
自此佛法滿天下

위의 게송에서 '어상을 내리지 않고 이러-히 대한다 함이여'라는 첫째 줄 역시 내력이 있는 구절이다.

전에 대원 선사님께서 전강 대선사님을 군산 은적사에서 모시고 계실 당시 마당에서 홀연히 마주쳤을 때 다음과 같은 문답이 있었다.

전강 대선사님께서 물으셨다.

"공적(空寂)의 영지(靈知)를 이르게."

대원 선사님께서 대답하셨다.

"이러-히 스님과 대담(對談)합니다."

"영지의 공적을 이르게."

"스님과의 대담에 이러-합니다."

"어떤 것이 이러-히 대담하는 경지인가?"

"명왕(明王)은 어상(御床)을 내리지 않고 천하 일에 밝습니다."

위와 같은 문답 중에 대원 선사님께서 답하신 경지를 부송의 첫째 줄에 담으신 것이다.

전강 대선사님께서 대원선사님을 인가(印可)하신 과정을 볼 때 한 번, 두 번, 세 번을 확인하여 철저히 점검하신 명안종사의 안목에 탄복하지 않을 수 없으며 이에 끝까지 1초의 머뭇거림도 없이 명철하셨던 대원선사님께 찬탄하지 않을 수 없다.

그리하여 법열로 어우러진 두 분의 자리가 재현된 듯 함께 환희용약하지 않을 수 없다.

이제 전강 대선사님과 약속한 2천년대를 맞이하였으므로 여기에 전법게를 밝힌다.

이로써 경허, 만공, 전강 대선사님으로 내려온 근대 대선지식의 정법의 횃불이 이 시대에 이어져 전강 대선사님의 예언대로 불법이 천하에 가득할 것이다.

농선 대원 선사님 법어

깨달음은 실증실수다. 그러나 지금의 불교가 잘못된 견해와 지식으로 불조의 가르침을 왜곡하고 견성성불 하고자 애쓰는 수행인들을 오히려 길을 잃고 헤매게 하고 있다.

그래서 이 장에서는 대원 선사님의 혜안으로 제방에서 논의되는 불교의 핵심적인 대목을 밝혀, 불조의 근본 종지를 드러내고 불교가 나아가야 할 바를 보였다.

깨달음의 정수를 담은 12게송은 실제 깨닫지 못하고 말로만 깨달음을 말하거나 혹은 깨달았다 해도 보림이 미진한 이들을 경계하게 하며 실증의 바탕에서 닦아 증득할 수 있도록 하였으니 생사를 결단하고 본연한 참나를 회복하려는 이들에게 칠흑 같은 밤길에 등불과 같은 길잡이가 될 것이다.

돈오돈수 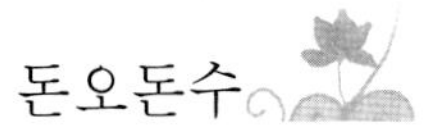

제방에 돈오돈수(頓悟頓修)에 대한 여러 가지 서로 다른 주장으로 시비가 끊어지지 않고 있다. 이로 인해 수행자들이 견성하면 더 이상 닦을 것이 없다는 그릇된 견해에 집착하거나 의심을 일으킬까 염려하여 여기에 바른 돈오돈수의 이치를 밝히고자 한다.

견성이 곧 돈오돈수라고 하는 분들이 많다.

그러나 견성이 곧 구경지인 성불이라면 돈오면 그만이지 돈수란 말은 왜 해놓았겠는가?

또한 오후보림(悟後保任)이라는 말은 무슨 말인가.

금강경에는 네 가지 상(我相, 人相, 衆生相, 壽者相)만 여의면 곧 중생이 아니라는 말이 수없이 되풀이되고 있다.

그런데 제구 일상무상분(第九 一相無相分)을 볼 때 다툼이 없는(곧 모든 상을 여읜) 삼매인(三昧人) 가운데 제일인 아라한도 구경지가 아니니 보살도를 닦아 등각을 거쳐야 구경성불인 묘각지에 이르른다는 사실을 알 수 있다.

또한, 제이십삼 정심행선분(第二十三 淨心行善分)을 보면 부처님께서 "아도 없고, 인도 없고, 중생도 없고, 수자도 없는 가운데 모든 선법(善法)을 닦아야 곧 아뇩다라삼먁삼보리를 얻는다."라고 말씀하시고 있으니 이것은 다름이 아니라 견성한 후에 견성을 한 지혜로써 항상 체성을 여의지 않고, 남은 업을 모두 닦아 본래 갖춘 지혜덕상을 원만하게 회복시켜야 구경성불할 수 있다는 말씀이다.

그렇다면 어째서 돈수일까?

'돈'이란 시공이 설 수 없는 찰나요, '수'란 시간과 공간 속에서 닦는 것이다.

단박에 마친다면 '돈'이면 그만이고, 견성 이전이든 이후든 닦음이 있다면 '수'라고만 할 것이지 어째서 돈과 수가 함께 할 수 있을까? 그야말로 물의 차고 더움은 그 물을 마셔본 자만이 알듯이 깨달은 사람만이 알 것이다.

사무쳐 깨닫고 보니 시공이 서지 않아 이러-히 닦아도 닦음이 없으니 네 가지 상이 없는 가운데 모든 선법을 닦는 것이요, 단박에 깨달으니 색공(色空)이 설 수 없어 이러-한 경지에서 닦음 없이 닦으니 네 가지 상이 없는 가운데 모든 선법을 닦는 것이다.

이와 같이 깨달아서 깨달은 바 없고, 닦아서는 닦은 바 없이 닦아, 남음이 없는 구경지인 성불에 이르는 과정을 돈오돈수라 한다.

견성하면 마음 이외의 다른 물건이 없는 경지인데 어떻게 닦음이 있을 수 있는가 하고 의심하는 분들이 많다. 그러나 견성했다 해도 헤아릴 수 없는 겁 동안에 길들여온 업으로 인하여 경계를 대하면 깨달아 사무친 바와 늘 일치하지는 못한다.

그래서 견성한 지혜로써 항상 체성을 여의지 않고 억겁에 익혀온 업을 제거하고 지혜 덕상을 원만하게 회복시켜야 구경성불할 수 있다.

이것이 앞에서 밝혔듯 금강경에서 부처님께서 하신 말씀이요, 돈오돈수를 주창한 당사자인 육조 대사님께서 하신 말씀이다.

육조단경 돈황본 이십칠 상대법편과 이십팔 참됨과 거짓을 보면 육조 대사님께서 당신의 설법언하에 대오하고도 슬하에서 3, 40년간 보림한 십대 제자들을 모아놓고 말씀하신다.

"내가 떠난 뒤에 너희들은 각각 일방의 지도자가 될 것이다. 그러므로 내가 너희들에게 설법하는 것을 가르쳐서 근본종지를 잃지 않도록 해주리라. 나오고 들어감에 곧 양변을 여의도록 하라." 하시고 삼과(三科)의 법문과 삼십육대법(三十六對法)을 설하셨다.

뿐만 아니라 2, 3개월 후 다시 십대 제자들을 모아놓고 "8월이 되면 세상을 떠나고자 하니 너희들은 의심이 있거든 빨리 물어라. 내가 떠난 뒤에는 너희들을 가르쳐 줄 사람이 없다." 하시며 진가동정게(眞假動靜偈)를 설하시고 외워 가져 수행하여 종지를 잃지 않도록 하라고 거듭 당부를 하시고 있다.

이것을 보아서도 이 사람이 말한 돈오돈수와 육조 대사께서 말씀하신 돈오돈수가 같다는 것을 알 수 있을 것이다.

다시 한 번 밝히자면 돈오란 자신의 체성을 단박에 깨닫는 것이요, 돈수란 깨달은 체성의 지혜로써 닦음 없이 닦는 것으로 이것이 곧 오후 보림이며, 수행자들이 퇴전하지 않고 구경성불할 수 있는 바른 수행의 길이다.

다음은 전등록 제 9권에서 추출한 것이다.

"돈오(頓悟)한 사람도 닦아야 합니까?"

"만일 참되게 깨달아 근본을 얻으면 그대가 스스로 알게 될 것이니 닦는다, 닦지 않는다 하는 것은 두 가지의 말일 뿐이다. 처음으로 발심한 사람들이 비록 인연에 따라 한 생각에 본래의 이치를 단박에 깨달았으나 아직도 비롯함이 없는 여러 겁의 습기(習氣)는 단박에 없어지지 않으므로, 그것을 깨끗이 하기 위하여 현재의 업과 의식의 흐름을 차츰차츰 없애야 하나니 이것이 닦는 것이다. 그것에 따로이 수행하게 하는 법이 있다고 말하지 마라.

들음으로 진리에 들고, 진리를 듣고 묘함이 깊어지면 마음이 스스로 두렷이 밝아져서 미혹한 경지에 머무르지 않으리라. 비록 백천 가지 묘한 이치로써 당대를 휩쓴다 하여도 이는 자리에 앉아서 옷을 입었다가 다시 벗는 것으로써 살림을 삼는 것이니, 요약해서 말하면 실제 진리의 바탕에는 한 티끌도 받아들이지 않지만 만행을 닦는 부문에서는 한 법도 버리지 않느니라. 만일 깨달았다는 생각마저 단번에 자르면 범부니 성인이니 하는 생각이 다하여, 참되고 항상한 본체가 드러나 진리와 현실이 둘이 아니어서 여여한 부처이니라."

"무엇이 돈오(頓悟)이며, 무엇을 점수(漸修)라 합니까?"

"자기의 성품이 부처와 똑같다는 것은 단박에 깨달았으나 비롯함이 없는 옛적부터의 습관은 단박에 제거할 수 없으므로 차츰 물리쳐서 성품에 따라 작용을 일으켜야 하니, 마치 사람이 밥을 먹을 때에 첫술에 배가 부르지 않는 것과 같다."

간화선인가 묵조선인가

나에게 "당신의 지도는 간화입니까, 묵조입니까?"라고 묻는 이들이 있다. 나의 지도법에는 애당초부터 간화니 묵조니 하는 것이 없다. 가 없는 성품 자체로 일상을 지어가라는 말이 바로 그것을 대변해주고 있다. 묵조선과 간화선이 나뉜 것은 육조 대사 이후여서 육조 대사 당시까지만 해도 묵조선이니, 간화선이니 하여 나누지 않았다. 나는 육조 대사 당시의 법을 그대로 펴고 있는 것이다.

묵조선과 간화선은 원래 종파가 아니다. 지도받는 이의 근기에 따라 지도한 방편일 뿐이다. 들뜬 생각과 분별망상에서 이끌어내기 위한 방편으로 지도한 것이 묵조선이다. 그렇게 이끌어서 깨달아 사무치면 깨달아 사무친 경지가 일상이 되게끔 다시 이끌어 주어야 하는 것이다.

달마 대사를 묵조선이라고 하는데 중국에 오기 전 달마 대사가 육파 외도(六派外道)를 조복시키는 대목을 보면 달마 대사가 묵조선이 아니라는 것이 역력히 드러난다.

다만 황제가 법문을 할 정도였던 그 시대의 교리 위주의 이론불교를 근본불교에 이르게 하기 위한 방편으로 "밖으로 반연하여 일으키는 모든 생각을 쉬고 안으로 구하는 마음마저 쉬어라."라고 가르친 것이다. 간화선도 마찬가지여서 화두라는 용광로에 일체 분별망상을 녹여 없앰으로써 밖으로 반연하여 일으키는 모든 생각을 쉬고, 안으로 구하는 마음마저 쉬게 하여 깨닫게끔 한 것이다.

즉 화두를 들어도 이런 경지에 이르러야 깨달을 수 있는 것이다. 오롯이 끊어지지 않게 화두를 들어서 오직 이러한 경지에 이르러 있다가 어떤 경계에 문득 부딪힘으로써 깨닫게 된다. 결국에는 화두인 모든 공안도리 역시 사무쳐 깨닫게 하기 위한 방편이다.

그러므로 수기설법(隨機說法)하고 응병여약(應病與藥)해야 한다. 나 역시 제자가 이러한 경지에 사무쳐 깨닫게끔 하지만, 이미 사무친 연후에는 가없는 성품 자체에 머물러 있으려고만 하지 말고, 그 경지에서 응하여 모자람 없도록 지어나가야 한다고 지도한다.

묵조나 일행삼매(一行三昧), 어느 쪽도 모든 이에게 정해 놓고 일정하게 주어서는 바른 지도가 될 수 없는 것이다. 내가 앉아서 선화할 때에는 오직 심외무물의 경지만 오롯하게끔 지으라고 지도하는 것은 어떻게 보면 묵조선이다. 그것이 가장 빨리 업을 녹이는 방법이기 때문에 그렇게 지도하는 것이다.

그러나 활동할 때는 가없는 성품 자체로 일상을 지어 가라고 지도했으니 이것은 곧 일행삼매에 이르도록 지도한 것이다. 안팎 없는 경지를 여의지 않는 것이 삼매이니, 일상생활 속에서 여의지 않는 가운데 보고 듣고, 보고 듣되 여의지 않는 그것이 일행삼매이다.

그렇다면 나는 한 사람에게 묵조선과 일행삼매를 다 가르치고 있는 것이 된다. 묵조선이라고 했지만 앉아서는 생사해탈을 위한 멸진정을 익히도록 하고, 그 외에는 다 일행삼매를 짓도록 지도하고 있는 것이어서 한편으로 멸진정을 익히는 가운데 조사선을 짓고 있는 것이다.

어떠한 약도 쓰이는 곳에 따라 좋은 약이 되기도 하고 사약이 되기도 한다. 스승이 진정 자유자재해서 제자가 머물러 있는 부분을 틔워주는 지도를 할 때 그것이 약이 되는 것이다.

그러므로 '나는 간화선만을 가르친다.' 그렇게 지도해서는 안 된다. 부처님께서도 수기설법하라 하셨다. 병을 치료해 주는 것이 약이듯 그 기틀에 맞게끔 설해 주는 것이 참 법이다.

무유정법(無有定法)이라 하지 않았는가. 그 사람의 바탕과 익힌 업력과 현재의 경지 등 모든 것을 참작해서 거기에 알맞게 베풀어 주어야 한다.

부처님의 경을 마가 설하면 마설이 되고, 마경을 부처님께서 설하시면 진리의 경전이 된다는 것도 바로 이런 데에서 하신 말씀이다.

어느 한 종에만 편승하면 안 된다. 우리는 이 속에 오종칠가(五宗七家)의 법을 다 수용해야 된다. 어느 한 법도 버릴 수 없다. 모든 근기에 알맞도록 설해 주고 이끌어 줄 수 있어야 하기 때문이다.

그래서 다만 응하여 모자람이 없이 병에 의하여 약을 줄 뿐, 정해진 법이 없어서 어느 한 법도 따로 취함이 없어야 하는 것이다.

육조 대사께 행창이 찾아와 부처님 열반경 중에서 유상(有常)과 무상(無常)을 가지고 물었을 때 행창이 무상이라 하면 육조 대사는 유상이라 하고, 행창이 유상이라 하면 육조 대사는 무상이라 했다. 왜냐하면 원래부터 무상이니 유상이니가 있을 수 없어서, 부처님께서는 다만 유상이라는 집착을 벗어나게 하기 위해 무상을 말씀하시고, 무상이라는 집착을 벗어나게 하기 위해 유상을 말씀하셨을 뿐이거늘, 행창은 열반경의 이 말씀에 묶여 있었기 때문이다.

육조 대사가 이러한 이치에 대해서 설하자 행창이 곧 깨닫고 오도송을 지어 바쳤다.

이렇게 수기설법할 때 불법이다. 수기설법하지 못하면 임제종보다 더한 것이라 해도 불법일 수 없다.

각각 사람의 근기가 다른데 어떻게 천편일률적인 방법으로 똑같이 교화할 수 있겠는가.

희비송(喜悲頌)

이름도 없고 상도 없는 일 없는 사람이
태평의 노래를 흥에 취해 불렀더니
때도 없고 끝도 없는 구제의 일이
대천세계에 충만히 펼쳐졌네

無名無相無事人
太平之歌唱興醉
無時無端救濟事
大千世界布充滿

정신송(正信頌)

이름도 없고 상도 없는 이 바탕인 몸이여
이 바탕을 깨달은 믿음이라야 바른 믿음이라
이와 같은 믿음이 없이는 마음이 나라 말라
눈 광명이 땅에 떨어질 때 한이 만단이나 되리라

無名無相是地體
悟地之信是正信
若無是信莫心我
眼光落地恨萬端

진심송(眞心頌)

이름도 없고 상도 없는 이 진공이여
공이라는 공은 공이라 함마저도 없는 참 바탕이라
이와 같은 바탕이라야 이 공인 몸이니
이와 같은 몸이 아니면 참다운 마음이 아니니라

無名無相是眞空
空空無空是眞地
如是之地是空體
如是非體非眞心

업신송(業身頌)

업의 몸이란 것은 고통의 근본이요
업의 마음이란 것은 환란의 근본이니라
업의 행이란 것은 다툼의 근본이요
업의 일이란 것은 허망의 근본이니라

業身乃苦痛之本
業心乃患亂之本
業行乃鬪爭之本
業事乃虛妄之本

보림송(保任頌) 1

업의 몸을 다스리는 데는 계행이 최상이요
업의 마음을 다스리는 데는 인내가 최상이니라
계행과 인내로 잘 다스리면 보림이 순조롭고
보림이 잘 이루어지면 구경에 이르느니라

治業身之戒最上
治業心之忍最上
善治戒忍順保任
善成保任至究竟

보림송(保任頌) 2

육신의 욕망은 하나까지라도 모두 버려야 하고
육신을 향한 생각은 남음이 없이 버려야 하느니라
이와 같이 보림하면 업이 중한 사람일지라도
당생에 반드시 구경지를 성취하리라

肉身欲望捨都一
肉身向思捨無餘
如是保任重業人
當生必成究竟地

공성본질송(空性本質頌) 1

무극인 빈 성품의 본래 몸은
언어나 마음과 행위로 표현 못 하나
모든 부처님과 만물이 이로 좇아 생겼으며
궁극에는 일체가 돌아가 의지할 곳이니라

無極空性之本體
言語道斷滅心行
諸佛萬物從此生
窮極一切歸依處

공성본질송(空性本質頌) 2

혼연한 빈 바탕을 이름해서 무아라 하고
무아의 다른 이름이 이 무극이니라
유정 무정이 이로 좇아 생겼으며
궁극에는 일체가 돌아가 의지할 곳이니라

渾然空地名無我
無我異名是無極
有情無情從此生
窮極一切歸依處

공성본질송(空性本質頌) 3

이러-히 밝게 사무친 것을 이름해서 견성이라 하고
이 바탕에 밝게 사무쳐야 바르게 깨달은 사람이니
도를 닦는 사람은 반드시 명심해서
각자 관조하여 그릇 깨달음이 없어야 하느니라

如是明徹名見性
是地明徹正悟人
修道之人必銘心
各者觀照無非悟

명정오송(明正悟頌)

밝지도 어둡지도 않은 곳을 향해서
그윽한 본래의 바탕에 합하여야
이것을 진실한 깨달음이라 하는 것이니
그렇지 않다면 바른 깨달음이 아니니라

向不明暗處
冥合本來地
此是眞實悟
不然非正悟

무아송(無我頌)

중생들이 말하는 무아라는 것은
변하고 달라지는 나를 말하는 것이요
깨달은 사람의 무아는
변하지 않는 나를 말하는 것이다

衆生之無我
變異之言我
悟人之無我
不變之言我

태시송(太始頌)

탐착한 묘한 광명에 합한 것이 상을 이루었고
상에 집착하여 사는데서 익힌 것이 모든 업을 이루었다
업을 인해서 만반상이 생겨 나왔으며
만상으로 해서 만반법이 생겨 나왔다

貪着妙光合成相
執相生習成諸業
因業生出萬般象
萬象生出萬般法

21세기에 인류가 해야 할 일

이 사람은 1962년 26세 때부터 21세기에 인류에게 닥칠 공해문제, 에너지문제를 예견하고 대체에너지(무한원동기, 태양력, 파력, 풍력 등) 개발과 '울 안의 농법'을 연구하고 그 필요성을 많은 이들에게 이야기해 왔습니다.

당시에는 너무 시대를 앞서가는 이야기여서인지 일반인들이 수용하지 못하고 오히려 불신의 눈으로 바라보며 이 사람의 법마저 의심하였습니다. 하지만 현대에 있어서는 이것이 인류가 해결해야 할 가장 절박한 사안이 되어 있습니다.

'사막화방지 국제연대'를 설립한 것도 현재 인류가 해결해야 할 가장 절박한 지구환경문제를 이슈화시키고 그 해결책을 제시하여 재앙에 직면한 지구촌을 살리기 위해서입니다.

'사막화방지 국제연대'에서 추진하고 있는 사막화 방지, 지구 초원

화, 대체에너지 개발은 온 인류가 발 벗고 나서서 해야 할 일입니다.

첫 번째 사막화 방지에 있어서 기존에 해왔던 '나무심기 사업'은 천문학적인 예산과 많은 인력을 동원하고도 극도로 황폐한 사막화된 환경을 되살리는 데 실패하였습니다.

그래서 이 사람은 사막화 방지에 있어서는 '사막 해수로 사업'을 새로운 방안으로 제시하였습니다.

사막 해수로 사업은 사막화된 지역에 수도관을 매설하여 바닷물을 끌어들여서 염분에 강한 식물을 중심으로 자연생태계를 복원하는 사업입니다.

이것은 나무심기 사업으로 심은 나무들이 절대적으로 물이 부족하여 생존할 수 없었던 문제를 해결할 수 있는, 현재로서는 유일한 해결책입니다.

그러나 '사막화방지 국제연대'의 목적은 사막이 확장되는 것을 방지하자는 것이지 사막 전체를 완전히 없애자는 것은 아닙니다. 인체에서 심장이 모든 피를 전신의 구석구석까지 골고루 보내어 살아서 활동하게 하듯이 사막은 오히려 지구의 심장 역할을 하는 중요한 곳이기 때문입니다.

그래서 21세기에 있어서는 다만 사막의 확장을 방지할 뿐 아니라 사막을 어떻게 운용하느냐를 연구해야 합니다.

사막에 바둑판처럼 사방이 막힌 플륨관 수로를 설치하여 동, 서, 남, 북 어느 방향의 수로를 얼마만큼 채우느냐 비우느냐에 따라, 사막으로부터 사방 어느 방향으로든 거리까지 조절하여, 원하는 지역에 비를 내리게 하고 그치게 할 수 있습니다. 철저히 과학적인 데이터에 의해 이렇게 사막을 운용함으로써 21세기의 지구를 풍요로운 낙원시대로 만들어가야 합니다.

두 번째로 지구를 초원화할 수 있는 방안으로 3년간의 실험을 통해, 광활한 황무지 지역을 큰 비용을 들이거나 많은 인력을 동원하지 않고도 짧은 시간 내에 초지로 바꿀 수 있는 식물을 찾아냈습니다.

그것은 바로 '돌나물'입니다. 돌나물은 따로 종자를 심을 필요가 없이 헬리콥터나 비행기로 살포해도 생존, 번식할 수 있으며, 추위와 더위, 황폐한 땅에서도 살아남을 수 있는 생명력과 번식력이 강한 식물입니다.

지구환경을 되살리는 초지조성 사업에 있어서 이것이 큰 도움이 되리라 생각합니다.

세 번째의 대체에너지 개발에 있어서는 태양력, 파력, 풍력 등 1962년도부터 이 사람이 연구하고 얘기해왔던 방법들이 이미 많이 개발되어 실용화한 단계에 있습니다.

이 세 가지 일은 한 개인이나 한 국가가 할 수 있는 일이 아닙니다. 모든 국가가 앞장서서 전세계적인 사업으로 이루어져야 합니다. 모든 국가가 함께 하는 기금조성이 이루어져야 하고 기금조성에 참여한 국가는 이 시스템에 의한 전면적인 혜택을 입을 수 있도록 해야 합니다.

인류 모두가 지혜를 모아 이 일에 전력을 다한다면 인류는 유사 이래 가장 좋은 시절을 맞이하게 될 것이며, 만약 이 일을 남의 일인 양 외면한다면 극한의 재앙을 면할 수 없을 것입니다.

이 사람이 오래 전부터 얘기해왔던 '울 안의 농법'은 이미 미국 라스베이거스(Las Vegas)에서 30층짜리 '고층 빌딩 농장'으로 구현되었습니다. 그렇게 크게도 운영될 수 있지만 각자 자신의 집에서 이루어지는 '울 안의 농법'도 필요합니다.

21세기에 있어서 또 하나 인류가 만일의 사태를 대비해서 연구, 추진해야 될 일이 있다면 바닷속에서의 수중생활, 수중경작입니다.

지구 온난화가 심화될 경우, 공기가 너무 많이 오염될 경우, 바닷물이 높아져 살 땅이 좁아질 경우 등에 대비할 때, 인류는 우주에서의 삶보다는 바닷속에서의 삶을 준비해야 합니다. 왜냐하면 그것이 훨씬 수월하고 비용도 절감할 수 있기 때문입니다.

이렇게 깨달은 이는 이변적으로는 깨달음을 얻게 하여 영생불멸의 삶을 영위할 수 있도록 만인을 이끌어야 하며 사변적으로는 일반인이 예측할 수 없는 백 년, 천 년 앞을 내다보아 이를 미리 앞서 대비하도록 만인의 삶을 이끌어줘야 한다고 생각합니다.

불법의 뜻은 다만 진리 전수에만 있는 것이 아니니, 만인이 서로 함께 영원한 극락을 누릴 때까지 물심양면으로, 이사일여로 베풀어 교화해야 하기 때문입니다.

가슴으로 부르는 불심의 노래

여기에 실린 가사는 모두 농선 대원 선사님께서 직접 작사하신 것이다. 수행의 길로 들어서게끔 신심, 발심을 북돋아주는 가사로부터 수행의 길로 접어든 이의 구도의 몸부림이 담겨있는 가사, 대승의 원력을 발해서 교화하는 보살의 자비심과 함께 낙원세계를 누리는 풍류를 그려놓은 가사까지 한마디, 한마디가 생생하여 그 뜻이 뼛속 깊이 새겨지고 그 멋에 흠뻑 취하게 된다. 농선 대원 선사님께서는 거칠고 말초적인 요즘의 노래를 듣고 이러한 정서를 순화시키고자, 또한 수행의 마음을 진작시키고자 하는 뜻에서 이 가사들을 쓰셨다.

그래야지

1.
마음으로 물질로써
갖가지로 베푸는 것
생활화한 국민되어
이뤄내는 국가되세
그래야지 그래야지
얼씨구나 좀 더 좋다

그런 이웃 그런 나라
이뤄내서 사노라면
모든 나라 따르리니
그리되면 지상낙원
그래야지 그래야지
얼씨구나 좀 더 좋다

별중의 별 될 것이니
선조의 뜻 이룸이라
후손으로 할 일 해낸
자부심이 치솟누나
그래야지 그래야지
얼씨구나 좀 더 좋다

얼씨구야 절씨구야
좀 더 좋고 좀 더 좋다
얼씨구야 절씨구야
좀 더 좋고 좀 더 좋다

아리랑 아리랑 아라리요
아리랑 고개를 넘어간다

2.
그래야지 그래야지
혼자 삶이 아닌 세상
웬만하면 넘어가는
아량으로 살아가세
그래야지 그래야지
얼씨구나 좀 더 좋다

부딪히면 틀어져서
소통의 길 막히나니
그러므로 눈 감아줘
참는 것이 상책일세
그래야지 그래야지
얼씨구나 좀 더 좋다

걸린 생각 비워내서
한결같이 사노라면
복이되어 돌아옴을
실감할 날 있을 걸세
그래야지 그래야지
좀 더 좋고 좀 더 좋다

얼씨구야 절씨구야
좀 더 좋고 좀 더 좋다
얼씨구야 절씨구야
좀 더 좋고 좀 더 좋다

아리랑 아리랑 아라리요
아리랑 고개를 넘어간다

마음

1.
시작도 없는 마음
끝남도 없는 마음

온통으로 드러나
언제나 같이 있어

어떤 것도 가릴 수
전혀 없는 그 마음

고고하고 당당한
영원한 마음일세

아리랑 아리랑 아라리요
아리랑 고개를 넘어간다
청천 하늘에 잔별도 많고
요내 가슴에는 희망도 많다

2.
모두를 마음으로
시도를 뭐든 해봐

안되는 일 없어서
사는 데 불편없고

하고프면 하면 돼
뜻 펼치는 삶이니

즐겁고도 즐거운
누리는 삶이로세

아리랑 아리랑 아라리요
아리랑 고개를 넘어간다
청천 하늘에 잔별도 많고
요내 가슴에는 희망도 많다

사는게 아리랑 고개

1.
이 마음이 내가 되니
나고 죽음 본래 없고
이리 보고 저리 봐도
허공까지 내 몸일세
신기하고 신기하다
신기하고 신기해

이 마음이 내가 되니
안 되는 일 전혀 없어
잡된 생각 사라지고
두려움도 없어졌네
신기하고 신기하다
신기하고 신기해

이 마음이 내가 되니
끝이 없이 자유롭고
잠 못 이룬 괴로움과
공황장애 흔적 없네
신기하고 신기하다
신기하고 신기해

아리랑 아리랑
아라리요
아리랑 고개를 넘어왔다

2.
이 마음이 내가 되니
맘 먹은 일 순조롭고
살아가는 나날들이
마음광명 누림일세
신기하고 신기하다
신기하고 신기해

이 마음이 내가 되니
마음광명 누림이라
나날들이 평화롭고
자신감이 넘쳐나네
신기하고 신기하다
신기하고 신기해

이 마음이 내가 되니
대인관계 순조로와
일일마다 즐거웁고
웃음꽃이 피어나네
신기하고 신기하다
신기하고 신기해

아리랑 아리랑
아라리요
아리랑 고개를 넘어왔다

불보살의 마음

1.
자비, 그 자비는 눈물이었네
불나방이 불을 좇듯 가는 이
그래도 못 잊어서 버리지 못해
저리는 저리는 가슴, 그 가슴 안고서
눈물, 피눈물로 저리 부르네

2.
자비, 그 자비는 눈물이었네
제 살 길을 저버리는 이들을
그래도 못 잊어서 버리지 못해
저리는 저리는 가슴, 그 가슴 안고서
눈물, 피눈물로 저리 부르네

나의 노래

1.
노세 노세 봄놀이하세
대천세계 이 봄 경치
한산 습득 친구 삼아
호연지기 즐겨볼까
얼씨구나 절씨구
아니나 즐기고 무엇하리

2.
노세 노세 봄놀이하세
걸음 좇아 이른 곳곳
문수 보현 벗을 삼아
화엄광장 춤춰볼까
얼씨구나 절씨구
아니나 즐기고 무엇하리

평화로운 삶

1.
이 몸을 나로 아는
하나의 실수로서
우주가 생긴 이래

얼마나 많은 고통
겪어들 왔었던가
치떨린 일이로세

뭘 해야 그 반복을
금생에 끊어버려
그 고통 벗어날까

생각코 생각하니
그 해결 내게 있네
마음이 나 된걸세

아리랑 아리랑 아라리요
아리랑 고개를 넘어간다
청천 하늘엔 잔별도 많고
이내 가슴엔 희망도 많다

2.
마음이 내가 되면
그 어떤 것이라도
더 이상 필요찮고

마음이 내가 되면
미묘한 갖은 공덕
스스로 갖춰 있고

마음이 내가 되면
그 모든 근심 걱정
씻은 듯 사라지고

마음이 내가 되면
이 생과 저 세상이
당초에 없는 걸세

아리랑 아리랑 아라리요
아리랑 고개를 넘어간다
청천 하늘엔 잔별도 많고
이내 가슴엔 희망도 많다

도서출판 문젠(Moonzen Press)의 책들

출간 도서

바로보인 전등록 전 5권
바로보인 무문관
바로보인 벽암록
바로보인 천부경 · 교화경 · 치화경
바로보인 금강경
세월을 북채로 세상을 북삼아
영원한 현실
바로보인 신심명
바로보인 환단고기 전 5권
바로보인 선문염송 전 30권
앞뜰에 국화꽃 곱고 북산에 첫눈 희다
바로보인 증도가
바로보인 반야심경
선을 묻는 그대에게 1 · 2
바로보인 선가귀감
바로보인 법융선사 심명
주머니 속의 심경
바로보인 법성게
달다 -전강 대선사 법어집
기우목동가
초발심자경문
방거사어록
실증설
하택신회대사 현종기
불조정맥 - 한 · 영 · 중 3개국어판
바른 불자가 됩시다
누구나 궁금한 33가지
108진참회문 - 한 · 영 · 중 3개국어판
달마의 일할도 허락지 않는다
마음대로 앉아 죽고 서서 죽고
화두 3개국어판 - 한 · 영 · 중
바로보인 간당론
완전한 우리말 불공예식법
바로보인 유마경
실증설 5개국어판 - 한 · 영 · 불 · 서 · 중
누구나 궁금한 33가지 3개국어판 - 한 · 영 · 중
달마의 일할도 허락지 않는다 3개국어판 - 한 · 영 · 중
법성게 3개국어판 - 한 · 영 · 중
정법의 원류
바로보인 도가귀감
바로보인 유가귀감
화엄경 81권
바로보인 전등록 전 30권

출간예정 도서

바로보인 능엄경 제6권
바로보인 원각경
바로보인 육조단경
바로보인 대전화상주 심경
바로보인 위앙록
해동전등록 전 10권
말 밖의 말
언어의 향기
농선 대원 선사 선송집
진리와 과학의 만남
바로보인 5대 종교
금강경 야부송과 대원선사 토끼뿔
선재동자 참알 오십삼선지식
경봉선사 혜암선사 법을 들어 설하다
십현담 주해
불교대전
태고보우선사 어록

1. 바로보인 전등록 (전30권을 5권으로)

7불과 역대 조사의 말씀이 1,700공안으로 집대성되어 있는 선종 최고의 고전으로, 깨달음의 정수가 살아 숨쉬도록 새롭게 번역되었다.
464, 464, 472, 448, 432쪽.
각권 18,000원

2. 바로보인 무문관

황룡 무문 혜개 선사가 저술한 공안집으로 전등록, 선문염송, 벽암록 등과 함께 손꼽히는 선문의 명저이다.
본칙 48개와 무문 선사의 평창과 송, 여기에 역저자인 대원선사의 도움말과 시송으로 생명과 같은 선문의 진수를 맛보여 주고 있다.
272쪽. 12,000원

3. 바로보인 벽암록

설두 선사의 설두송고를 원오 극근 선사가 수행자에게 제창한 것이 벽암록이다.
이 책은 본칙과 설두 선사의 송, 대원선사의 도움말과 시송으로 이루어져, 벽암록을 오늘에 맞게 바로 보이고 있다.
456쪽. 15,000원

4. 바로보인 천부경

우리 민족 최고(最古)의 경전 천부경을 깨달음의 책으로 새롭게 바로 보였다. 이 책에는 81권의 화엄경을 81자에 함축한 듯한 천부경과, 교화경, 치화경의 내용이 함께 담겨 있으며, 역저자인 대원선사가 도움말, 토끼뿔, 거북털 등으로 손쉽게 닦아 증득하는 문을 열어 놓고 있다.
432쪽. 15,000원

5. 바로보인 금강경

대원선사의 『바로보인 금강경』은 국내 최초로 독창적인 과목을 내어 부처님과 수보리 존자의 대화 이면의 숨은 뜻을 드러내고, 자문과 시송으로 본문의 핵심을 꿰뚫어 밝혀, 금강경 전체를 손바닥 안의 겨자씨를 보듯 설파하고 있다.
488쪽. 15,000원

6. 세월을 북채로 세상을 북삼아

대원선사의 선시가 담긴 선시화집 『세월을 북채로 세상을 북삼아』는 선과 시와 그림이 정상에서 만나 어우러진 한바탕이다.
선의 세계를 누리는 불가사의한 일상의 노래, 법열의 환희로 취한 어깨춤과 같은 선시가 생생하고 눈부시게 내면의 소리로 흐른다.
180쪽. 15,000원

7. 영원한 현실

애매모호한 구석이 없이 밝고 명쾌하여, 너무도 분명함에 오히려 그 깊이를 헤아리기 어려운, 대원선사의 주옥같은 법문을 모아 놓은 법문집이다.
400쪽. 15,000원

8. 바로보인 신심명

신심명은 양끝을 들어 양끝을 쓸어버리는, 40대치법으로 이루어진, 3조 승찬 대사의 게송이다. 이를 대원선사가 바로 번역하는 것은 물론, 주해, 게송, 법문을 더해 통쾌하게 회통하고 자유자재 농한 것이 이 『바로보인 신심명』이다.
296쪽. 10,000원

9. 바로보인 환단고기 (전5권)

『바로보인 환단고기』 1권은 민족정신의 정수인 환단고기의 진리를 총정리하여 출간하였다. 2권에는 역사총론과 태초에서 배달국까지 역사가 실려 있으며, 3권은 단군조선, 4권은 북부여에서부터 고려까지의 역사가 실려 있다. 5권에는 역사를 증명하는 부록과 함께 환단고기 원문을 실었다. 344 · 368 · 264 · 352 · 344쪽. 각권 12,000원

10. 바로보인 선문염송 (전30권)

선문염송은 세계최대의 공안집이다. 전 공안을 망라하다시피 했기에 불조의 법 쓰는 바를 손바닥 들여다보듯 하지 않고는 제대로 번역할 수 없다. 대원선사는 전 공안을 바로 참구할 수 있게끔 번역하고 각 칙마다 일러보였다. 352 368 344 352 360 360 400 440 376 392 384 428 410 380 368 434 400 404 406 440 424 460 472 456 504 528 488 488 480 512쪽. 각권 15,000원

11. 앞뜰에 국화꽃 곱고 북산에 첫눈 희다

대원선사의 선문답집으로 전강 · 경봉 · 숭산 · 묵산 선사와의 명쾌한 문답을 실었으며, 중앙일보의 <한국불교의 큰스님 선문답> 열 분의 기사와 기자의 질문에 대한 대원선사의 별답을 함께 실었다.
200쪽. 5,000원

12. 바로보인 증도가

선종사에 사라지지 않을 발자취로 남은 영가 선사의 증도가를 대원선사가 번역하고 법문과 송을 더하였다.
자비의 방편인 증도가의 말씀을 하나하나 쳐가는 선사의 일갈이야말로 영가 선사의 본 의중과 일치하여 부합하는 것이라 아니할 수 없다.
376쪽. 10,000원

13. 바로보인 반야심경

이 시대의 야부(冶父)선사, 대원선사가 최초로 반야심경에 과목을 붙여 반야심경 내면에 흐르는 뜻을 밀밀하게 밝혀놓고 거침없는 송으로 들어보였다.
264쪽. 10,000원

14. 선(禪)을 묻는 그대에게 (전10권 중 2권)

대원선사의 선수행에 대한 문답집.

깨달아 사무친 경지에 대한 밀밀한 점검과, 오후보림에 대한 구체적인 수행법 제시와, 최초의 무명과 우주생성의 원리까지 낱낱이 설한 법문이 담겨 있다.
280쪽, 272쪽. 각권 15,000원

15. 바로보인 선가귀감

선가귀감은 깨닫고 닦아가는 비법이 고스란히 전수되어 있는 선가의 거울이라 할 만하다. 더욱이 바로보인 선가귀감은 매 소절마다 대원선사의 시송이 화살을 과녁에 적중시키듯 역대 조사와 서산대사의 의중을 꿰뚫어 보석처럼 빛나고 있다.
352쪽. 15,000원

16. 바로보인 법융선사 심명

심명 99절의 한 소절, 한 소절이 이름 그대로 마음에 새겨두어야 할 자비광명들이다.
이 심명은 언어와 문자이면서 언어와 문자를 초월한 일상을 영위하게 하는 주옥같은 법문이다.
278쪽. 12,000원

17. 주머니 속의 심경

반야심경은 부처님이 설하신 경 중에서도 절제된 경으로 으뜸가는 경이다. 대원선사의 선송(禪頌)도 그 뜻을 따라 간략하나 선의 풍미를 한껏 담고 있다. 하루에 한 소절씩을 읽고 참구한다면 선 수행의 지름길이 될 것이다.

84쪽. 5,000원

18. 바로보인 법성게

법성게는 한마디로 화엄경의 핵심부를 온통 훤출히 드러내놓은 게송이다. 짧은 글 속에 일체의 법을 이렇게 통렬하게 담아놓은 법문도 드물 것이다.
이렇게 함축된 법성게 법문을 대원선사가 속속들이 밀밀하게 설해놓았다.
176쪽. 10,000원

19. 달다 - 전강 대선사 법어집

이제는 전설이 된 한국 근대선의 거목인 전강 선사님의 최상승법과 예리한 지혜, 선기로 넘쳤던 삶이 생생하게 담겨 있는 전강 대선사 법어집 〈달다〉!
전강 대선사님의 인가 제자인 대원선사가 전강 대선사님의 법거량과 법문, 일화를 재조명하여 보였다.
368쪽. 15,000원

20. 기우목동가

그 뜻이 심오하여 번역하기 어려웠던 말계 지은 선사의 기우목동가!
대원선사가 바른 뜻이 드러나도록 번역하고, 간결한 결문과 주옥같은 선송으로 다시 보였다.

146쪽. 10,000원

21. 초발심자경문

이 초발심자경문은 한문을 새기는 힘인 문리를 터득하게 하기 위하여 일부러 의역하지 않고 직역하였다. 대원선사의 살아있는 수행지침도 실려 있다.
266쪽. 10,000원

22. 방거사어록

방거사어록은 선의 일상, 선의 누림을 보여주는 대표적인 선문이다. 역저자인 대원선사는 방거사어록의 문답을 '본연의 바탕에서 꽃피우는 일상의 함'이라 말하고 있다. 법의 흔적마저 없는 문답의 경지를 온전하게 드러내 놓은 번역과, 방거사와 호흡을 함께 하는 듯한 '토끼뿔'이 실려 있다.
306쪽. 15,000원

23. 실증설

이 책은 대원선사가 2010년 2월 14일 구정을 맞이하여 불자들에게 불법의 참뜻을 보이기 위해 홀연히 펜을 들어 일시에 써내려간 법문을 모태로 하였다. 실증한 이가 아니고는 설파할 수 없는 성품의 이치를 자문자답과 사제간의 문답을 통해 1, 2, 3부로 나눠 실증하여 보이고 있다.
224쪽. 10,000원

24. 하택신회대사 현종기

육조대사의 법이 중국천하에 우뚝하도록 한 장본인, 하택신회대사의 현종기. 세간에 지해종도(知解宗徒)로 알려져 있는 편견을 불식시키는 뛰어난 깨달음의 경지가 여기에 담겨있다. 대원선사가 하택신회대사의 실경지를 드러내고 바로보임으로써 빛냈다.
232쪽. 10,000원

25. 불조정맥 - 韓·英·中 3개국어판

석가모니불로부터 현 78대에 이르기까지 불조정맥진영(佛祖正脈眞影)과 정맥전법게(正脈傳法偈)를 온전하게 갖춘 최초의 불조정맥서. 대원선사가 다년간 수집, 정리하여 기도와 관조 끝에 완성한 『불조정맥』을 3개국어로 완역하였다.
216쪽. 20,000원

26. 바른 불자가 됩시다

참된 발심을 하여 바른 신앙, 바른 수행을 하고자 해도, 그 기준을 알지 못해 방황하는 불자님들을 위해 불법의 바른 길잡이 역할을 하도록 대원선사가 집필하여 출간하였다.
162쪽. 10,000원

27. 누구나 궁금한 33가지

21세기의 인류를 위해 모든 이들이 가장 어렵고 궁금해 하는 문제, 삶과 죽음, 종교와 진리에 대한 바른 지표를 제시하고자 대원선사가 집필하여 출간하였다.
180쪽. 10,000원

28. 108진참회문 - 韓·英·中 3개국어판

전생의 모든 악연들이 사라져 장애가 없어지고, 소망하는 삶을 살게 하기 위해 대원선사가 10계를 위주로 구성한 108 항목의 참회문이다. 한 대목마다 1배를 하여 108배를 실천할 것을 권한다.
170쪽. 15,000원

29. 달마의 일할도 허락지 않는다

대원선사의 짧고 명쾌한 법문집.
책을 잡는 순간 달마의 일할도 허락지 않는 선기와 맞닥뜨리게 될 것이다. 때로는 하늘을 찌를 듯한 기세와, 때로는 흔적 없는 공기와도 같은 향기를 일별하기를…
190쪽. 10,000원

30. 마음대로 앉아 죽고 서서 죽고

생사를 자재한 분들의 앉아서 열반하고 서서 열반한 내력은 물론 그분들의 생애와 법까지 일목요연하게 수록해놓았다.
446쪽. 15,000원

31. 화두 3개국어판 - 韓 · 英 · 中

『화두』는 대원선사의 평생 선문답의 결정판이다. 생생하게 살아있는 선(禪)을 한 · 영 · 중 3개국어로 만날 수 있다. 특히 대원선사의 짧은 일대기가 실려 있어 그 선풍을 음미하는 데에 큰 도움을 주고 있다.
440쪽. 15,000원

32. 바로보인 간당론

법문하는 이가 법리를 모르고 주장자를 치는 것을 눈먼 주장자라 한다. 법좌에 올라 주장자 쓰는 이들을 위해서 대원선사가 간당론에서 선리(禪理)만을 취하여 『바로보인 간당론』을 출간하였다.
218쪽. 20,000원

33. 완전한 우리말 불공예식법

부처님께 공양을 올리고 불보살님의 가피를 구하는 예법 등을 총칭하여 불공예식법이라 한다. 대원선사가 이러한 불공예식의 본뜻을 살려서 완전한 우리말본 불공예식법을 출간하였다.
456쪽. 38,000원

34. 바로보인 유마경

유마경은 불법의 최정점을 찍는 경전이라 할 것이니, 불보살님이 교화하는 경지에서의 깨달음의 실경과 신통자재한 방편행을 보여주는 최상승 경전이다. 대원선사가 〈대원선사 토끼뿔〉로 이 유마경에 걸맞는 최상승법을 이 시대에 다시금 드날렸다.
568쪽. 20,000원

35. 실증설
5개국어판 – 韓 · 英 · 佛 · 西 · 中

대원선사가 불법의 참뜻을 보이기 위해 홀연히 펜을 들어 일시에 써내려간 실증설! 실증한 이가 아니고는 설파할 수 없는 도리로 가득한 이 책이 드디어 영어, 불어, 스페인어, 중국어를 더하여 5개국어로 편찬되었다.
860쪽. 25,000원

36. 누구나 궁금한 33가지
3개국어판 – 韓 · 英 · 中

누구라도 풀어야 할 숙제인 33가지의 의문에 대한 답을 21세기의 현대인에게 맞는 비유와 언어로 되살린 『누구나 궁금한 33가지』가 한글, 영어, 중국어 3개국어로 출간되었다.
408쪽. 15,000원

37. 달마의 일할도 허락지 않는다 3개국어판 - 韓·英·中

대원선사의 짧고 명쾌한 법문집인 『달마의 일할도 허락지 않는다』가 한글, 영어, 중국어 3개국어로 출간되었다. 전세계에서 유일하게 활선의 가풍이 이어지고 있는 한국, 그 가운데에서도 불조의 정맥을 이은 대원선사가 살활자재한 법문을 세계로 전하고 있는 책이다.
308쪽. 15,000원

38. 화엄경 (전81권)

대원선사는 선문염송 30권, 전등록 30권을 모두 역해하여 세계 최초로 1,463칙 전 공안에 착어하였다. 이러한 안목으로 대천세계를 손바닥의 겨자씨 들여다보듯 하신 불보살님들의 지혜와 신통으로 누리는 불가사의한 화엄세계를 열어 보였다.
각권 15,000원

39. 법성게 3개국어판 - 韓·英·中

법성게는 한마디로 화엄경의 핵심부를 훤출히 드러내놓은 게송으로 짧은 글 속에 일체 법을 고스란히 담아놓았다. 대원선사의 통쾌한 법성게 법문이 한영중 3개국어로 출간되었다.
376쪽. 15,000원

40. 정법의 원류

『정법의 원류』는 불조정맥을 이은 정맥선원의 소개서이다. 정맥선원은 불조정맥 제77조 조계종 전강 대선사의 인가 제자인 대원 전법선사가 주재하는 도량이다. 『정법의 원류』를 통해 정맥선원 대원선사의 정맥을 이은 법과 지도방편을 만날 수 있다.
444쪽. 20,000원

41. 바로보인 도가귀감

도가귀감은, 온통인 마음〔一物〕을 밝혀 회복함으로써, 생사를 비롯한 모든 아픔과 고를 여의어, 뜻과 같이 누려서 살게 하고자 한 도교의 뜻을, 서산대사가 밝혀놓은 책이다. 대원선사가 부록으로 도덕경의 중대한 대목을 더하고, 그 대목대목마다 결문(決文)하였다.
218쪽. 12,000원

42. 바로보인 유가귀감

유가귀감은 서산대사가 간추려놓은 구절로서, 간결하지만 심오하기 그지없으니, 간략한 구절 속에서 유교사상을 미루어볼 수 있게 하였다. 대원선사가 그 뜻이 잘 드러나게 번역하고 그 대목대목마다 결문(決文)하였다.
236쪽. 15,000원

43. 바로보인 전등록 (전30권)

7불로부터 52세대까지 1,701명 선지식의 깨달음의 진수가 담긴 전등록 30권에 농선 대원 선사가 선리(禪理)의 토끼뿔을 더해 닦아 증득하는데 도움이 되도록 하였다.
288쪽. 각권 15,000원

농선 대원 선사 법문 mp3 주문 판매

* 천부경 : 15,000원
* 신심명 : 30,000원
* 현종기 : 65,000원
* 기우목동가 : 75,000원
* 반야심경 : 1회당 5,000원 (총 32회)
* 선가귀감 : 1회당 5,000원 (총 80회)
* 금강경 : 40,000원
* 법성게 : 10,000원
* 법융선사 심명 : 100,000원

농선 대원 선사 작사 CD 주문 판매

* 가슴으로 부르는 불심의 노래 1,2,3집
  각 : 1만 5천원
* 유튜브에서 채널 구독하시고 무료로
  찬불가 앨범을 감상하세요

주문 문의 ☎ 031-534-3373

유튜브에서 채널 구독하시고
무료로 찬불가 앨범을 감상하세요

유튜브에서 MOONZEN을 검색하시거나
아래의 주소로 접속해주세요

http://www.youtube.com/user/officialMOONZEN